Mein Märchen Lapbook

Doreen Blumhagen

Kopiervorlagen zum Schneiden, Falten und Weitergestalten

Verlag an der Ruhr

Impressum

Titel

Mein Märchen-Lapbook

Kopiervorlagen zum Schneiden, Falten und Weitergestalten

Autorin

Doreen Blumhagen

Umschlagmotive und Motive im Innenteil

Lapbook-Bildvorlagen siehe ©-Vermerke im Innenteil,

Lapbookgestaltung Vorder- und Rückseite: © Sophie und Doreen Blumhagen,

Vogel, Leine und Krone © Cute Designs – stock.adobe.com,

Fotos Vorderseite/Rückseite: © Doreen Blumhagen,

Schere: © Verlag an der Ruhr

Druck

Heenemann GmbH & Co. KG, Berlin, DE

Verlag an der Ruhr
Mülheim an der Ruhr
www.verlagruhr.de

Geeignet für die Klassen 2–4

ISBN 978-3-8346-4285-1

Inhalt

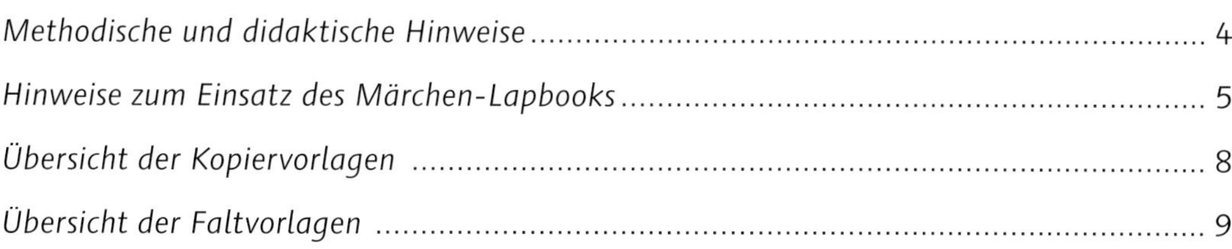

Kopiervorlagen

Methodische und didaktische Hinweise

Lapbook – Was ist das?

In einem Lapbook dokumentieren und präsentieren Schüler*innen ihre Lern- und Arbeitsergebnisse in einer individuellen Entdeckermappe. Diese mehrfach aufklappbaren Mappen enthalten viele verschiedene Minibücher mit Informationen zu einem Gesamtthema. Das Besondere daran ist, dass diese Minibücher z. B. zuerst aufgeklappt, gedreht oder durchgeblättert werden müssen, um die Informationen lesen zu können, wodurch die Neugier bei dem*der Lesenden geweckt wird. Solche Minibücher können z. B. kleine Hefte, Drehscheiben, Pop-up-Karten, Umschläge, Leporellos oder Faltbücher sein.

Diese werden von den Schüler*innen selbstständig bastelnd, malend und schreibend zu den Teilthemen gestaltet. Dabei kann es sich z. B. um Zeichnungen, Geschichten, Diagramme, Grafiken, Landkarten oder Steckbriefe handeln.

Die fertigen Minibücher werden von den Schüler*innen gesammelt und auf einen Tonkarton, meist in der Größe DIN A3, geklebt. Der Tonkarton selbst wird auf DIN-A4-Größe gefaltet. Auf diese Weise entsteht ein großes Buch mit vielen kleinen Büchern.

Die Bezeichnung „Lapbook" bedeutet, dass die Mappe nur so groß ist, dass sie auf dem Schoß (engl. „lap") der Schüler*innen Platz hat.

Vorteile eines Lapbooks

Durch die optische Besonderheit und den Bastelaspekt ist die Erstellung eines Lapbooks für die Schüler*innen sehr **motivierend**, da sie die Möglichkeit haben, etwas Einzigartiges und Individuelles zu gestalten.

Die Schüler*innen arbeiten **selbstständig** und setzen sich **vertieft** mit einem Thema auseinander.

Lapbooks können zu **allen Sachthemen**, aber auch **Übungsthemen** des Grundschulunterrichts angefertigt werden.

Die Gestaltung eines Lapbooks kann in **verschiedene Unterrichtsformen** integriert werden. So ist der Einsatz sowohl als Ergebnissicherung im lehrerzentrierten Unterricht als auch als selbstständige Aufgabe im offenen Unterricht möglich.

Lapbooks ermöglichen es, Themen **differenziert und individuell** zu erarbeiten. So können leicht unterschiedliche Schwierigkeitsgrade durch Impulse und Aufgabenstellungen gesteuert werden. Die Schüler*innen haben die Möglichkeit, Teilthemen auszuwählen und auf verschiedene Art und Weise zu präsentieren. Sie können leicht eigene Ideen einbringen.

Die Erstellung eines Lapbooks kann in **Einzel-, Partner- oder Gruppenarbeit** erfolgen und eignet sich dadurch auch für den **inklusiven Unterricht**.

Bei der Präsentation eines Lapbooks wird aufgrund des interaktiven Aspekts die **Neugier** bei dem*der Betrachter*in geweckt, immer wieder etwas Neues zu entdecken.

Lapbooks sind nach der Erarbeitung auch ideal zum **Lernen und Wiederholen** von Inhalten. Die Lösungen sind durch die Klappen zunächst abgedeckt. Die Schüler*innen nennen die Lösungen und können diese eigenständig durch das Öffnen überprüfen.

Durch die Minibücher können **viele Informationen** zu einem Thema auf **wenig Platz** präsentiert werden. Das Lapbook wird auf DIN-A4-Größe gefaltet und passt, im Gegensatz zu einem herkömmlichen Plakat, in jeden Hefter. Als praktikabel hat sich die Aufbewahrung in einer Prospekthülle erwiesen.

Der Verlag an der Ruhr legt großen Wert auf eine geschlechtergerechte und inklusive Sprache. Daher nutzen wir das Gendersternchen, um sowohl männliche und weibliche als auch nichtbinäre Geschlechtsidentitäten einzuschließen. Alternativ verwenden wir neutrale Formulierungen. In Texten für Schüler*innen finden sich aus didaktischen Gründen neutrale Begriffe bzw. Doppelformen.

Hinweise zum Einsatz des Märchen-Lapbooks

Thematische Inhalte

In ihrem Märchen-Lapbook sammeln, dokumentieren und präsentieren die Schüler*innen ihre Lern- und Arbeitsergebnisse zum Thema „Märchen" in einer individuellen Entdeckermappe.

33 Faltvorlagen bieten den Kindern Faltanleitungen und Impulse zur selbstständigen Erarbeitung des Themas.

Die inhaltlichen Angebote haben verschiedene Schwerpunkte:

1. Allgemeines über Märchen
2. Märchenmerkmale
3. Märchenautoren
4. Märchen kennen, lesen und gestalten
5. Märchen schreiben

Diese Schwerpunkte können unterschiedlich miteinander kombiniert und je nach Schwierigkeit in verschiedenen Klassenstufen ab Klasse 2 eingesetzt werden.

Einsatz im Unterricht

1. Präsentieren fertiger Lapbooks

Wenn die Schüler*innen die Lapbook-Methode noch nicht kennen, sollten Sie bereits fertige Märchen-Lapbooks (von Vorgängerklassen oder ein von Ihnen gestaltetes Lapbook) zum Stöbern und Entdecken zur Verfügung stellen. Sollte dies nicht möglich sein, können Sie auch die Fotos dieses Materialbandes zeigen.

2. Zielorientierung

Informieren Sie Ihre Schüler*innen darüber, dass Sie gemeinsam mit ihnen ein Märchen-Lapbook gestalten möchten. Geben Sie Hinweise zur genauen Vorgehensweise (z. B. Zeitraum, Inhalt).

3. Falten und Gestalten des Lapbook-Umschlags

Falten Sie gemeinsam mit Ihren Schüler*innen den Lapbook-Umschlag. Dafür wählen sich die Kinder einen der vorgeschlagenen Märchen-Umschläge (S. 14–16) für ihr Lapbook aus oder gestalten eine eigene Idee als Umschlag.

Füllen Sie gemeinsam mit den Schüler*innen die Namensschilder (S. 17) aus. Die Kinder wählen aus den Vorlagen aus und gestalten diese farbig. Sie werden anschließend auf die Titelseite des Lapbooks geklebt.

4. (Selbstständiges) Arbeiten an den Minibüchern

Die Lapbook-Arbeit kann in Einzel-, Partner- oder Gruppenarbeit durchgeführt werden. Damit alle Kinder auf das erarbeitete Wissen zurückgreifen können, sollten sie auch während einer Gruppenarbeit ihr eigenes Lapbook gestalten.

Die Schüler*innen erarbeiten (je nach gewählter Vorgehensweise) ihre Minibücher begleitend zur Unterrichtseinheit „Märchen" und kleben diese in ihr Lapbook ein.

Dabei können Sie methodisch unterschiedlich vorgehen:

- ⇨ Die Kinder gestalten die Minibücher nach der gemeinsamen Erarbeitung als Ergebnissicherung und zur Übung im **lehrerzentrierten Unterricht**.
- ⇨ Die Kinder gestalten die Minibücher **während eines Stationsbetriebs** selbstständig. Dafür wird für einzelne Stationen jeweils ein vorgegebenes Minibuch bearbeitet.
- ⇨ Die Kinder erarbeiten sich die Themen in ihrem **individuellen Tempo** im **offenen Unterricht**. Sie erhalten z. B. einen Wochenplan mit den zu bewältigenden Aufgaben.

5. Präsentation

Fertige Lapbooks können unterschiedlich präsentiert werden. So können die Lapbooks ...

- ⇨ im Klassenzimmer ausgelegt und von den Schüler*innen betrachtet werden,
- ⇨ von den Schüler*innen mithilfe von Impulsfragen kurz vorgestellt werden. (Was gefällt mir an meinem Lapbook besonders gut? Was hat mir Spaß gemacht? Was ist mir schwergefallen?)
- ⇨ zum Elternabend den Eltern vorgestellt werden.

6. Leistungseinschätzung

Für die Lapbook-Arbeit bietet sich eine prozess- und ergebnisorientierte Leistungseinschätzung mit einem Bewertungsbogen (S. 19) an, um den Schüler*innen eine Rückmeldung zu ihrem Lernprozess zu geben. Folgende Kriterien bieten sich für das Lapbook an:

- ⇨ Arbeitsverhalten während der Gestaltung
- ⇨ Gestaltung (Schneiden, Falten, Kleben, Malen) des Lapbooks
- ⇨ Inhaltliche Erarbeitung (Richtigkeit der Ergebnisse, Finden eigener Aufgaben)

Um die Schüler*innen ebenfalls dazu anzuregen, ihren eigenen Lernprozess zu reflektieren und ihr Lapbook einzuschätzen, bietet sich als Vorgabe ein Bogen zur Selbstreflexion an (S. 18).

TIPP 1: Geben Sie den Selbstbewertungsbogen bereits in den letzten Stunden vor der Abgabe des Lapbooks an die Kinder aus, damit sie die Möglichkeit haben, noch Veränderungen an ihrem Lapbook vorzunehmen. Der Bogen kann, mehrmals gefaltet, mit in das Lapbook geklebt werden.

TIPP 2: Der Bewertungsbogen (S. 17) kann auf der Lapbook-Rückseite aufgeklebt werden.

7. Weiterer Einsatz des Lapbooks im Unterricht

Der Vorteil des Lapbooks ist, dass es sowohl bereits während als auch nach der Gestaltung immer wieder zum Wiederholen der Märchenmerkmale, Märchenautoren oder Märcheninhalte eingesetzt werden kann. Bei den Minibüchern werden die Lösungen durch die Klappen zunächst abgedeckt. Die Schüler*innen nennen die Lösungen und können diese durch Öffnen des Minibuchs selbst kontrollieren. Das Üben kann sowohl in Einzel- als auch in Partnerarbeit erfolgen.

Folgende Möglichkeiten gibt es, das Lapbook im Unterricht einzusetzen:

- ⇨ Die Kinder präsentieren sich gegenseitig ihre gestalteten Märchen. Sie lesen, erzählen oder spielen diese mit ihren Fingerpuppen vor. Sie stellen sich gegenseitig ihre selbst erarbeiteten Quizfragen zu einem Märchen.
- ⇨ Das Lapbook wird zur Wiederholung eingesetzt.

TIPP 1: Bevor das Lapbook zum Lernen und Wiederholen eingesetzt wird, sollten Sie die eingetragenen Inhalte auf Richtigkeit überprüfen.

TIPP 2: Damit das Lapbook immer zur Verfügung steht, bietet es sich an, es in einer dickeren Prospekthülle im Hefter aufzubewahren.

Benötigtes Material

Für den Umschlag

- ⊙ farbige DIN-A3-Tonkartons
- ⊙ farbige DIN-A4-Tonkartons
- ⊙ farbiges DIN-A4-Kopier- oder Tonpapier
- ⊙ DIN-A4-Tonkarton und Tonkartonreste zum Ankleben von zusätzlichen Klappen

TIPP: Für das Anbringen von Klappen eignet sich am besten breites Papier- oder Stoffklebeband (z. B. farbiges Malerkrepp). Rechnen Sie damit, dass ihre Schüler*innen beim Befestigen der Klappen Ihre Hilfe benötigen.

Für die Minibücher

Für die Gestaltung der meisten Faltvorlagen benötigen die Schüler*innen **Kleber, Schere sowie Bunt- und Schreibstifte**. Für Drehelemente werden außerdem oft **Musterklammern** eingesetzt. Es bietet sich zudem an, ein **Heftgerät** zur Verfügung zu stellen.

Benötigtes Zusatzmaterial wird in der Gesamtübersicht (S. 8–12) aufgeführt.

TIPP: Um den Schüler*innen das Falten der Minibücher zu erleichtern, können Sie Muster vorbasteln und als Anschauungsbeispiel (ohne Inhalt) zur Verfügung stellen. Diese können Sie z.B. auf einem Plakat, in mehreren Lapbooks oder auf Karteikarten zentral im Klassenzimmer bereitstellen.

Infomaterial

Im Materialteil finden Sie acht Infokarten, mit denen sich die Schüler*innen Märchenwissen, Märchenmerkmale, Märchenautoren und den Aufbau eines Märchens erarbeiten können. Werden die Infokarten für eine Faltvorlage benötigt, ist dies auf der Kopiervorlage angegeben.

TIPP 1: Die Infokarten zu den Märchenmerkmalen bieten sich auch als Merkposter für das Lapbook an. Dazu falten die Kinder die Infokarte in der Mitte und kleben Sie z.B. in eine Seitenklappe ein oder stecken diese in einen Briefumschlag.

TIPP 2: Zu den Brüdern Grimm und Hans Christian Andersen können die Schüler*innen auch eine Internetrecherche durchführen.

Märchenkarten

Mithilfe der acht Märchenkarten können die Schüler*innen alle vorgegebenen Aufgabenstellungen bearbeiten. Werden spezielle Märchentexte für eine Faltvorlage benötigt, ist dies auf der Kopiervorlage angegeben.

Zusätzlich bietet es sich an, den Kindern eine Lesekiste mit verschiedenen Märchenbüchern zur Verfügung zu stellen. So können sich die Schüler*innen bei vielen Aufgaben selbst ein Märchen aussuchen und ihre Minibücher zu diesem gestalten oder darin blättern, um bestimmte Märchenmerkmale zu entdecken. In der Lesekiste sollten Märchen von den Brüdern Grimm, Hans Christian Andersen und aus aller Welt zu finden sein. Natürlich können Sie auch noch Märchen anderer Märchenautor*innen ergänzen.

TIPP: Vergrößern und laminieren Sie die Info- und Märchenkarten im DIN-A4-Format.

Aufbewahrung der fertigen Lapbooks

Durch das Zusammenfalten auf DIN-A4-Größe können alle vorgeschlagenen Märchen-Umschläge in einer Prospekthülle im Hefter aufbewahrt werden.

Legende der verwendeten Symbole und Linien:

Hier musst du schneiden, falten und kleben.

Für diese Aufgabe brauchst du eine Infokarte.

Bitte in Büchern oder im Internet nachsehen.

Für diese Aufgabe brauchst du eine Märchenkarte oder ein Märchenbuch.

Klebeflächen: *Klebefläche Lapbook*

Schneidelinie: — — — — — —

Faltlinie: ------------------------

Kreis für Musterbeutelklammer:

Ansatzstellen für Heftgerät: —— ——

Übersicht der Kopiervorlagen

Allgemeine Vorlagen

Material	Beschreibung	Verwendungsmöglichkeiten	Zusatzmaterial
Lapbook-Umschläge 1–3 (S. 14–16)	Anleitung zum Falten von Lapbookumschlägen zu typischen Märchenorten	➜ Kopien für die Schülerhand ➜ Gemeinsames Falten **Tipp:** Grundformen passend zu einem Märchen gestalten: ⊙ Haus: Hänsel und Gretel, Der gestiefelte Kater (Mühle), Schneewittchen, Frau Holle, Die sieben Geißlein, Das tapfere Schneiderlein, Rotkäppchen … ⊙ Turm: Rapunzel ⊙ Schloss: Dornröschen, König Drosselbart, Die Prinzessin auf der Erbse, Des Kaisers neue Kleider …	➜ Farbige DIN-A3-Tonkartons ➜ Farbige DIN-A4-Tonkartons ➜ Farbiges DIN-A4-Papier ➜ Tonkartonreste ➜ Musterklammern (Mühle) ➜ Klebeband
Mein Märchen-Lapbook (S. 17)	Vorlagen für die Märchenumschläge mit Titel, Name, Klasse	➜ Kopien für die Schülerhand ➜ Vorlage als Beispiel	
So ist mein Märchen-Lapbook (S.18)	Einschätzung ihres eigenen Lernprozesses durch die Schüler*innen während der Erstellung bzw. nach Fertigstellung des Lapbooks	➜ Kopien für die Schülerhand ➜ Selbsteinschätzung der Lapbook-Arbeit durch die Schüler*innen anhand von Smileys **Tipp:** Mind. 2-mal mittig falten und als Minibuch mit in das Lapbook oder auf die Lapbook-Rückseite kleben	
Mein Märchen-Diplom (S. 19)	Einschätzungsbogen zum prozess- und ergebnisorientierten Bewerten des Lapbooks	➜ Kriterien vorher besprechen **Tipp:** Bewertungsbogen auf die Rückseite des Lapbooks kleben oder zusammengerollt in das Lapbook kleben	

Infokarten (S. 20–23)

Nr.	Thema	Verwendungsmöglichkeiten	Zusatzmaterial
1	Märchenwissen für Schlaumeier	➜ Sachtexte und Methodenkarten für die Bearbeitung der Minibücher ➜ Karten möglichst auf DIN A4 kopieren und zur Wiederverwendung laminieren ➜ Zur selbstständigen Erarbeitung als Kartei zur Verfügung stellen oder als Kopie für die Schülerhand ausgeben **Tipp:** Infokarten und Märchenkarten auf verschiedenfarbiges Papier kopieren	➜ Laminierfolien oder Prospekthüllen ➜ Karteikasten
2	Märchenmerkmale Teil 1		
3	Märchenmerkmale Teil 2		
4	Märchenmerkmale Teil 3		
5	Die Brüder Grimm		
6	Hans Christian Andersen		
7	Der Aufbau eines Märchens		
8	Ein Minimärchen schreiben		

Märchenkarten (S. 24–26)

Nr.	Thema	Verwendungsmöglichkeiten	Zusatzmaterial
1	Rotkäppchen	➜ Lesetexte für die Bearbeitung der Minibücher ➜ Karten möglichst auf DIN A4 kopieren und zur Wiederverwendung laminieren ➜ Zur selbstständigen Erarbeitung als Kartei zur Verfügung stellen oder als Kopie für die Schülerhand ausgeben **Tipp:** Märchentexte durch verschiedene Märchenbücher ergänzen	➜ Laminierfolien oder Prospekthüllen ➜ Karteikasten ➜ Märchenbücher
2	Das hässliche Entlein		
3	Die Prinzessin auf der Erbse		
4	Aschenputtel (Deutschland)		
5	Aschenputtel (Frankreich)		
6	Märchenlieder		

Übersicht der Faltvorlagen

Allgemeines über Märchen

Faltvorlage	Inhaltliche Schwerpunkte	Hinweise	Zusatzmaterial (Lehrkraft)
Meine Märchen-sammlung (S. 27)	➔ Bereits bekannte Märchen aufzählen ➔ Zu jedem Märchen ein passendes Symbol oder Bild malen	Die Vorlage kann als Lesepass für die im Unterricht gelesenen Märchen eingesetzt werden. Die Schüler*innen tragen die Märchen nach dem Lesen ein.	
Mein Lieblings-märchen (S. 28)	➔ Lieblingsmärchen vorstellen ➔ Begründen, warum es das Lieblingsmärchen ist ➔ Kurze Inhaltsangabe schreiben ➔ Lieblingssituation aus dem Märchen malen		
Schon gewusst? (S. 29)	➔ Grundwissen rund um das Thema Märchen kennen ➔ Wichtige Informationen auswählen und notieren		➔ Infokarte 1 ➔ Musterklammer

Märchenmerkmale

Faltvorlage	Inhaltliche Schwerpunkte	Hinweise	Zusatzmaterial (Lehrkraft)
Märchenanfang und Märchenende (S. 30)	➔ Typische Märchenanfänge und Schlusssätze als Märchenmerkmal kennen ➔ Beispielsätze für Märchenanfänge und Märchenenden aufschreiben	Die Schüler*innen können aus Märchenbüchern selbstständig Beispielsätze herausschreiben.	➔ Infokarte 2 und 7 ➔ Märchenbücher
Besondere Gegenstände (S. 31)	➔ Besondere Rolle von bestimmten Gegenständen als Märchenmerkmal kennen ➔ Gegenstände erkennen, den richtigen Märchen zuordnen und besondere Fähigkeit beschreiben: ⊙ Schuh: klein, zierlich, passt nur Aschenputtel (Aschenputtel) ⊙ Spinnrad: daran sticht sich Dornröschen (Dornröschen) ⊙ Goldene Kugel: Königstochter spielt damit, fällt in Brunnen (Froschkönig) ⊙ Erbse: Prinzessinnentest (Die Prinzessin auf der Erbse) ➔ Eigene Beispiele für besondere Gegenstände ergänzen (Federn, goldener Ring ...)		➔ Infokarte 2 ➔ Märchenbücher
Magische Kräfte (S. 32)	➔ Magische Kräfte als Märchenmerkmal kennen ⊙ Verwandlung: Frosch verwandelt sich in Prinz (Froschkönig) ⊙ Gegenstände: Tisch deckt sich von selbst mit Speisen (Tischleindeckdich) ⊙ Pflanzen: Rosen verschließen/öffnen das Tor zum Schloss (Dornröschen) ⊙ Märchenfiguren: Rumpelstilzchen spinnt Stroh zu Gold ➔ Eigene Märchenbeispiele ergänzen		➔ Infokarte 2 ➔ Märchenbücher

Märchenzahlen (S. 33)	→ Typische Märchenzahlen (3, 7, 12) als Märchenmerkmal kennen → Zu jeder Zahl mind. 3 Beispiele finden		Infokarte 4
Verse und Zaubersprüche (S. 34)	→ Sich wiederholende Verse und Zaubersprüche als Märchenmerkmal kennen → Den Spruch „Spieglein, Spieglein an der Wand: Wer ist die Schönste im ganzen Land?" (Schneewittchen) erkennen → Weitere Sprüche finden und aufschreiben		→ Infokarte 4 → Märchenbücher → Musterklammern
Märchenzeit (S. 35)	→ 1. Vergangenheit (Präteritum) als Erzählzeit von Märchen kennen → Bildung der 1. Vergangenheit kennen → Eigene Beispielsätze im Präteritum formulieren		Infokarte 4
Märchensprache (S. 36)	Alte Wörter und Redewendungen aus Märchentexten erklären		→ Infokarte 4 → Märchenkarten 1–4 → Märchenbücher → Heftgerät
Märchenorte (S. 37)	→ Unbestimmte Orte als typische Märchenorte kennen → Märchenorte nennen und eigene Beispiele finden		→ Infokarte 2 → Märchenbücher
Tiere (S. 38)	→ Sprechende Tiere als Märchenmerkmal kennen → Märchentiere nennen		→ Infokarte 3 → Märchenbücher
Märchenfiguren (S. 39)	→ Märchenfiguren in „gut" und „böse" unterscheiden → Fantasiefiguren als Märchenmerkmal kennen		→ Infokarte 3 → Märchenbücher
Märchenfigur-Steckbrief (S. 40)	→ Märchenfigur auswählen und in einem Steckbrief vorstellen → Auswahl der Figur begründen → Märchenfigur zeichnen		Märchenbücher
Gegensätze (S. 41)	Typische gegensätzliche Adjektive aus Märchen zuordnen und eigene Beispiele finden		Infokarte 3
Märchenfiguren und ihre Eigenschaften (S. 42)	→ Den Märchenfiguren „Prinz" und „Hexe" passende Eigenschaften zuordnen bzw. selbst Eigenschaften finden → Selbst ausgewählte Märchenfigur mit deren Eigenschaften beschreiben (z. B. Prinzessin, Stiefmutter, Zwerg)		→ Märchenbücher → Musterklammern
Prüfungen und Aufgaben (S. 43)	→ Märchenmerkmale kennen → Am Märchenbeispiel „Rapunzel" die Aufgabe des Prinzen erkennen und beschreiben → Eigene Beispiele für Aufgaben und Prüfungen der Hauptfiguren finden.		→ Infokarte 3 → Märchenbuch
Ende gut – alles gut! (S. 44)	→ Gutes Ende als Märchenmerkmal kennen und am Beispiel von „Frau Holle" zeigen → Eigene Beispiele finden und notieren		→ Infokarten 4 und 7 → Märchenbücher
Märchen auf der Spur (S. 45)	→ Märchenmerkmale an einem ausgewählten Märchen nachweisen → Beispiele aus dem Text finden		→ Infokarten 2–4 → Märchenbücher

Märchenautoren

Faltvorlage	Inhaltliche Schwerpunkte	Hinweise	Zusatzmaterial (Lehrkraft)
Die Brüder Grimm (S. 46)	➜ Brüder Grimm als Märchenautoren kennen ➜ Märchen der Brüder Grimm kennen ➜ Interessantes aus dem Leben der Brüder Grimm notieren	Für die Informationserarbeitung bietet sich ebenfalls eine Internetrecherche an.	➜ Infokarte 5 ➜ Evtl. PC mit Internetanschluss
Märchen der Brüder Grimm (S. 47)	➜ Märchenbilder den Märchen der Brüder Grimm zuordnen ➜ Eigene Märchen ergänzen	**Tipp:** Märchenbuch der Brüder Grimm zum Lesen und Entdecken zur Verfügung stellen	Märchenbücher (Brüder Grimm)
Hans Christian Andersen (S. 48)	➜ Hans Christian Andersen als Märchenautor kennen ➜ Märchen von Hans Christian Andersen kennen ➜ Interessantes aus seinem Leben notieren	Für die Informationserarbeitung bietet sich ebenfalls eine Internetrecherche an.	➜ Infokarte 6 ➜ Evtl. PC mit Internetanschluss
Märchen von Hans Christian Andersen (S. 49)	➜ Märchenbilder den Märchen von Hans Christian Andersen zuordnen ➜ Eigene Märchen ergänzen	**Tipp:** Märchenbuch von Hans Christian Andersen zum Lesen und Entdecken zur Verfügung stellen	Märchenbücher (Hans Christian Andersen)

Märchen kennen, lesen und gestalten

Faltvorlage	Inhaltliche Schwerpunkte	Hinweise	Zusatzmaterial (Lehrkraft)
Märchenlieder (S. 50)	➜ Ein Märchenlied kennen (Dornröschen, Hänsel und Gretel) oder ein freies Märchenlied auswählen ➜ Text sauber und fehlerfrei abschreiben ➜ Vorlage, passend zum ausgewählten Lied, mit Bildern gestalten ➜ Differenzierung: selbst ein Märchenlied zu einer „Badewannenmelodie“ (z. B. „Alle meine Entchen“, „Bruder Jakob“ …) schreiben	Auf die Rückseite der Kopiervorlage kann vor dem Ausschneiden ein Schreiblinienblatt geklebt werden. **Tipp:** Weitere Märchenlieder anbieten, z. B.: ⊙ „Ach, wie gut, dass niemand weiß …“ ⊙ „Wir sind die wohlbekannten lustigen Bremer Stadtmusikanten“ ⊙ „Frau Holle, Frau Holle, die schüttelt ihre Betten aus …“ **CD-Tipp:** „Die 30 besten Märchenlieder für Kinder“	➜ Märchenkarte 6 ➜ Evtl. Schreibblatt ➜ Evtl. weitere Texte von Märchenliedern (Internet oder CD)
Märchenquiz: Das hässliche Entlein (S. 51)	Fragen zum Märchen „Das hässliche Entlein“ beantworten		➜ Märchenkarte 2 ➜ Infokarte 1
Mein Märchenquiz (S. 52)	➜ Eigenes Fragequiz zu einem Märchen oder zum Thema „Märchen“ entwickeln ➜ Fragen und Antworten formulieren		➜ Infokarten 1–6 ➜ Märchenbücher

Märchenhafte Fingerpuppen (S. 53–55)	➔ Märchentext („Die Prinzessin auf der Erbse" oder anderes Märchen) mit Fingerpuppen nachspielen ➔ Kulisse zum Märchen gestalten ➔ Differenzierung: Eigene Fingerpuppen zu Märchenfiguren eines Märchens gestalten		➔ Märchenkarten 1–5 ➔ Märchenbücher
Ein märchenhaftes Rollenspiel (S. 56)	Dialog zu einem Märchen oder Märchenabschnitt ausdenken und aufschreiben		➔ Märchenbücher ➔ Heftgerät
Erzähltheater (S. 57–59)	➔ Märchen („Rotkäppchen" oder anderes Märchen) anhand der Bilder schriftlich und mündlich nacherzählen ➔ Differenzierung: wichtige Situationen eines Märchens selbst auswählen und Bilder dazu gestalten	Sollten die Schüler*innen mehr als 4 Bildkarten für ihr Märchen benötigen, kann die Kopiervorlage „Erzähltheater 3/3" mehrfach zur Verfügung gestellt werden.	➔ Märchenkarten 1–5 ➔ Märchenbücher
Aschenputtel aus Deutschland und Frankreich (S. 60)	➔ Text zu „Aschenputtel" aus zwei verschiedenen Ländern vergleichen ➔ Gemeinsamkeiten und Unterschiede feststellen	**Tipp:** Auf laminierten Märchenkarten können die Schüler*innen mit abwischbaren Folienstiften Gemeinsamkeiten und Unterschiede in den Texten farbig markieren.	➔ Märchenkarten 4 und 5 ➔ Folienstifte in 3 verschiedenen Farben ➔ Heftgerät

Märchen schreiben

Faltvorlage	Inhaltliche Schwerpunkte	Hinweise	Zusatzmaterial (Lehrkraft)
Märchenbauplan (S. 61)	➔ Typischen Aufbau eines Märchens kennen ➔ Beispiele für Überschrift, Einleitung, Hauptteil und Schluss nennen		Infokarte 7
Mein Minimärchen (S. 62)	➔ Ein Sechs-Satz-Märchen mithilfe vorgegebener Fragen schreiben und illustrieren ➔ Überschrift formulieren	Das Märchen sollte zuvor als Entwurf auf ein Schreibblatt geschrieben werden.	➔ Infokarte 8 ➔ Heftgerät ➔ Schreibblätter
Mein Märchen (S. 63)	➔ Eigenes Märchen nach vorgegebenen Märchenbauplan schreiben und gestalten	Das Märchen sollte zuvor als Entwurf auf ein Schreibblatt geschrieben werden. Alternative: Die Schüler*innen schreiben einen vorgegebenen Märchentext ab und gestalten diesen (Abschreibetext).	➔ Infokarte 7 ➔ Evtl. Märchentext zum Abschreiben

Kopiervorlagen

Lapbook-Umschlag „Haus“ und „Mühle“

Du brauchst:

- 2 farbige A3-Tonkartons (braun)
- Tonkartonreste
- Schere
- 2 farbige A4-Kopierpapiere
- Kleber
- eventuell Musterklammer

① Falte den A3-Tonkarton in der Mitte.
② Öffne den Tonkarton wieder. Falte nun beide Seiten zur Mitte.
③ Klebe ein farbiges A4-Kopierpapier in die Mitte.
④ Falte die Ecken an beiden Seiten zur Mitte.
⑤ Falte die Ecken zurück und schneide sie ab.
⑥ Klebe 2 dieser Umschläge an den Seiten zusammen. Zum Schließen faltest du beide Umschläge zusammen.
⑦ **Mühle:** Befestige mit einer Musterklammer ein Windrad aus Tonkarton. Bemale oder beklebe die Mühle mit Fenstern und einer Tür.
Hexenhaus: Klebe einen Schornstein aus Tonkarton an.
Bemale oder beklebe den Umschlag mit Fenstern, einer Tür und Pfefferkuchen

①

②

③
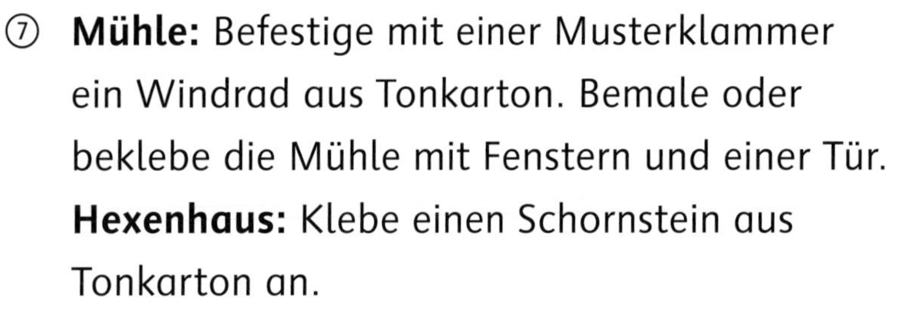

④
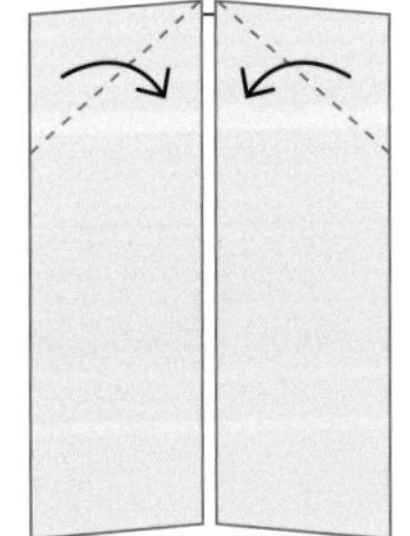

⑤
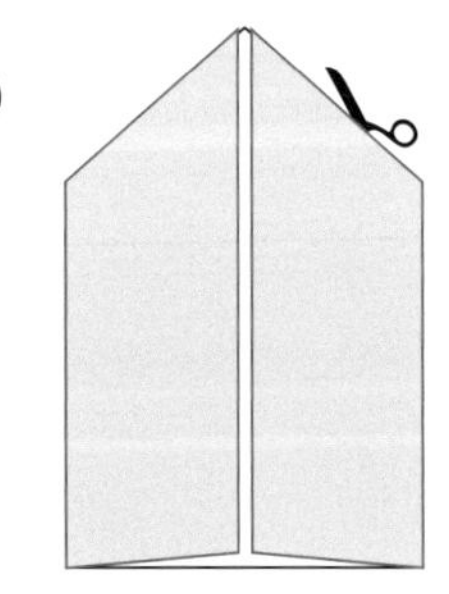

⑥
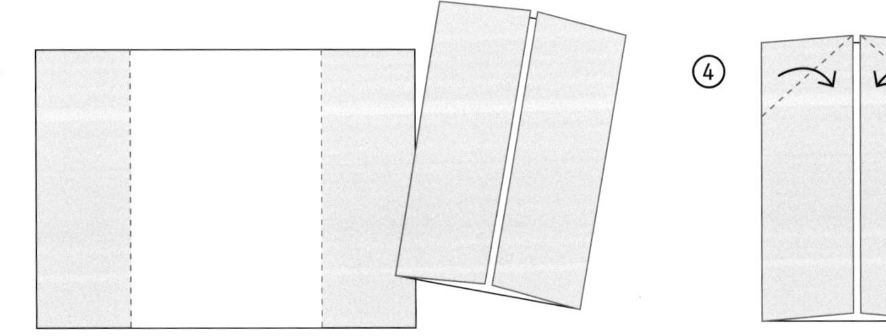

⑦
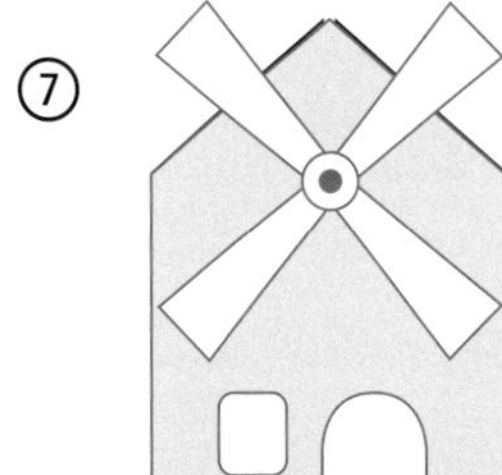

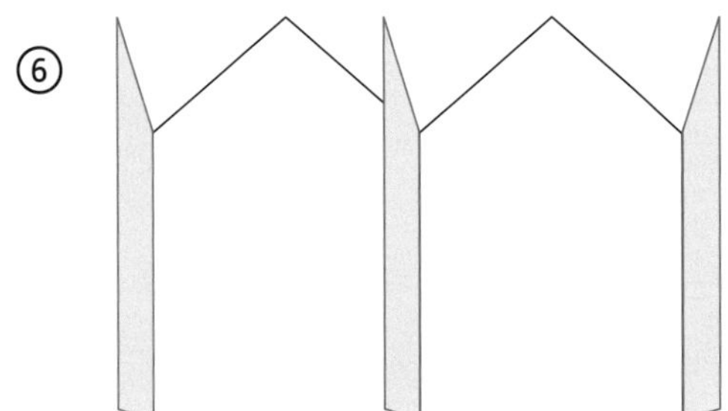

Lapbook-Umschlag „Turm“

Du brauchst:

- 2 farbige A3-Tonkartons (grau)
- 2 farbige A4-Kopierpapiere
- Tonkartonreste
- Klebeband
- Schere
- Kleber

① Falte den A3-Tonkarton in der Mitte.
② Öffne den Tonkarton. Falte beide Seiten zur Mitte.
③ Klebe ein farbiges A4-Kopierpapier in die Mitte.
④ Zeichne Zinnen an die Oberkante des Umschlags (ca. 2 cm hoch).
⑤ Schneide die Zinnen aus.
⑥ Schneide von einem 2. Umschlag ca. 2 cm oben ab (Höhe der Zinnen).
⑦ Klebe den 2. Umschlag unten mit Klebeband an.
⑧ Falte die Klappen des unteren Umschlags zur Mitte und dann das untere Teil komplett nach oben. Falte den 1. Umschlag darüber. Beklebe den Turm mit einem Fenster. Male Ziegelsteine darauf.

①

②

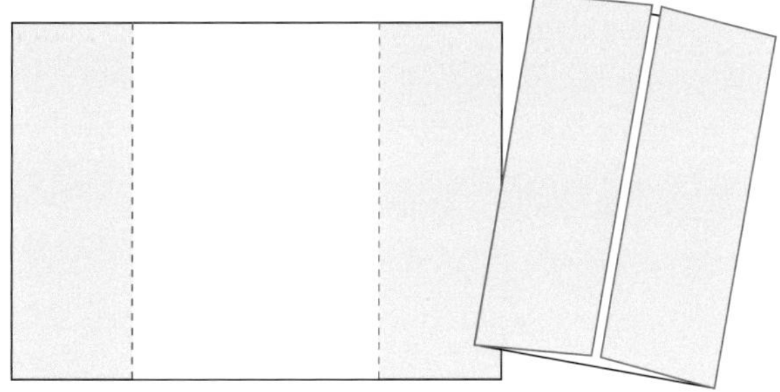

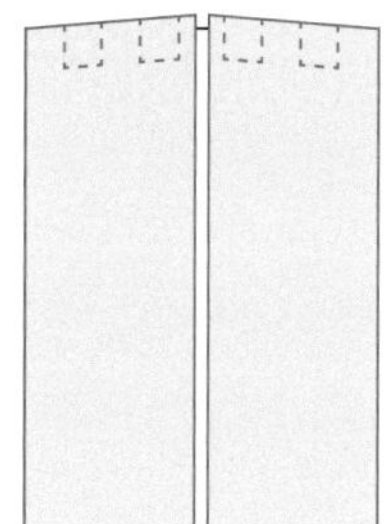

⑤

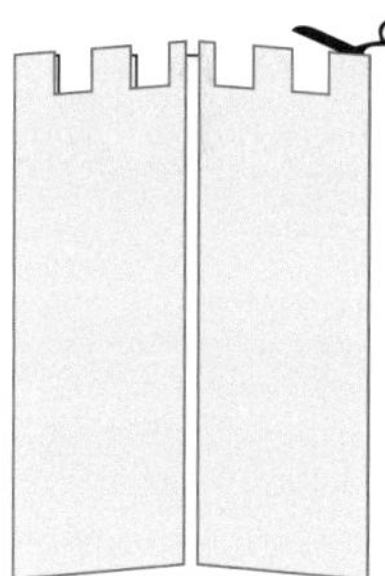

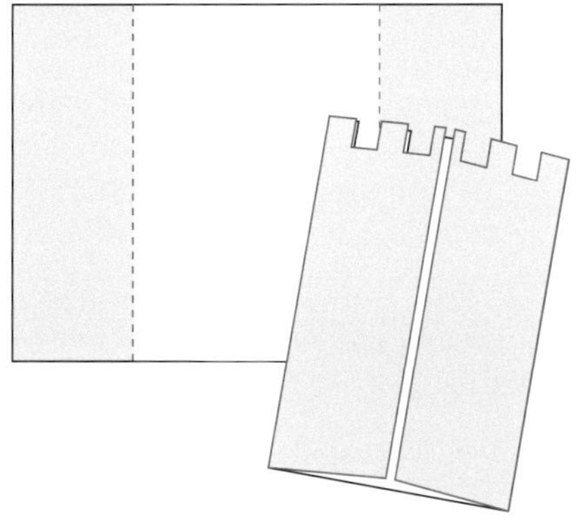

⑦

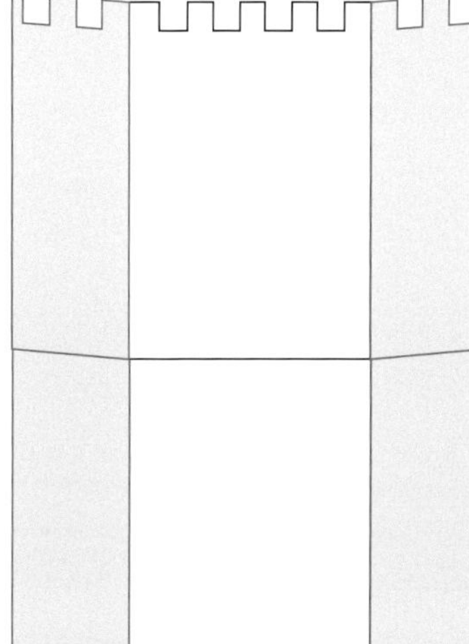

⑧

Lapbook-Umschlag „Schloss“

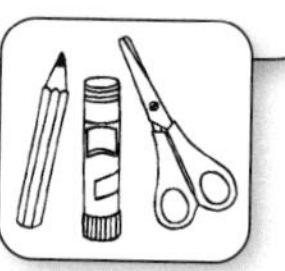

Du brauchst:

- 1 farbigen A3-Tonkarton
- Tonkartonreste
- Kleber
- Schere
- 1 farbiges A4-Kopierpapier
- 2 farbige A4-Tonkartons
- Klebeband

① Falte den A3-Tonkarton in der Mitte.

② Öffne den Tonkarton wieder. Falte nun beide Seiten zur Mitte.

③ Klebe ein farbiges A4-Kopierpapier in die Mitte.

④ Zeichne auf die Seitenklappen des geöffneten Umschlags Zinnen und in die Mitte den Umriss eines Turms (ca. 7 cm).

⑤ Schneide die Zinnen und den Turm aus.

⑥ Falte 2 A4-Tonkartons der Länge nach. Zeichne ein Dreieck als Turmspitze auf beide Streifen. Schneide die Ecken ab.

⑦ Klebe die Türme mit den geschlossenen Kanten rechts und links an den Umschlag. Beklebe oder bemale den Umschlag mit einem Tor und Fenstern.

⑧ Falte die Türme zum Schließen nach hinten.

①

②

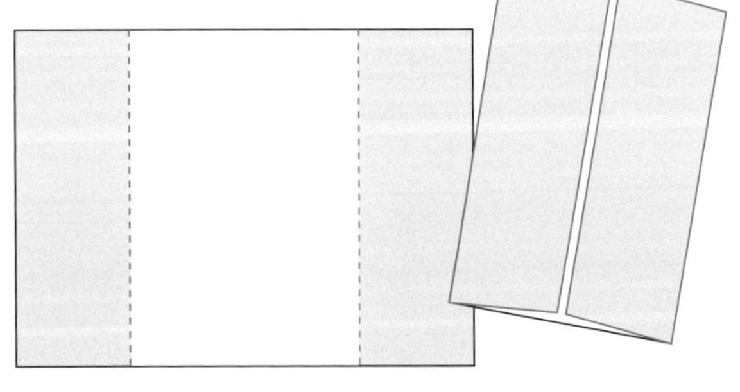

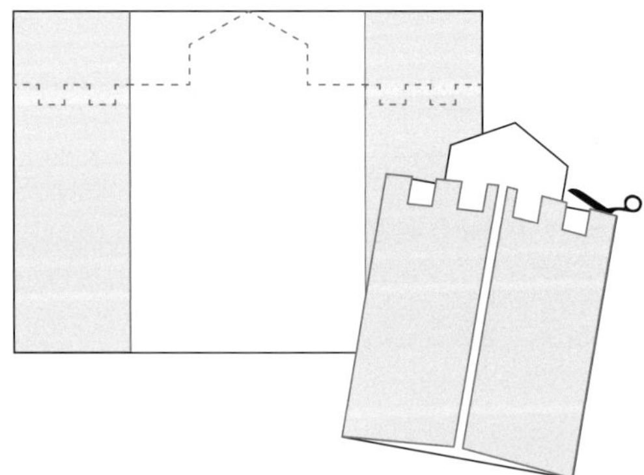

⑥

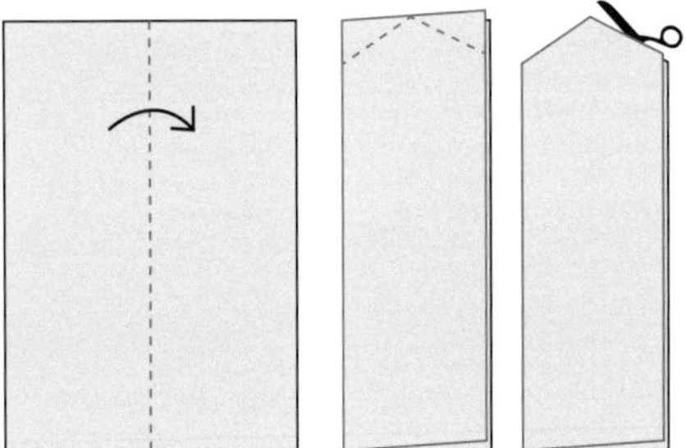

⑦

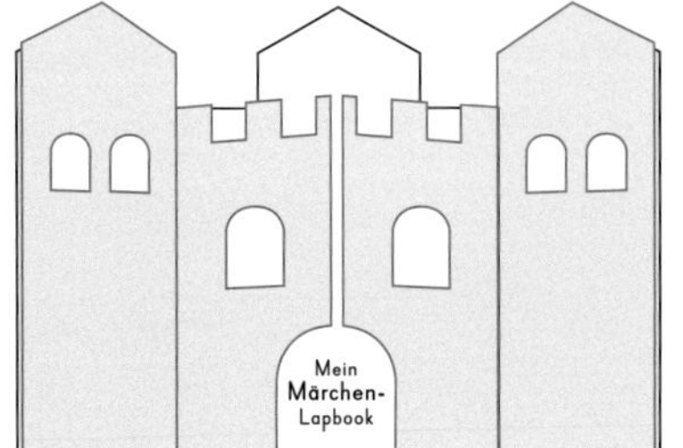

⑧

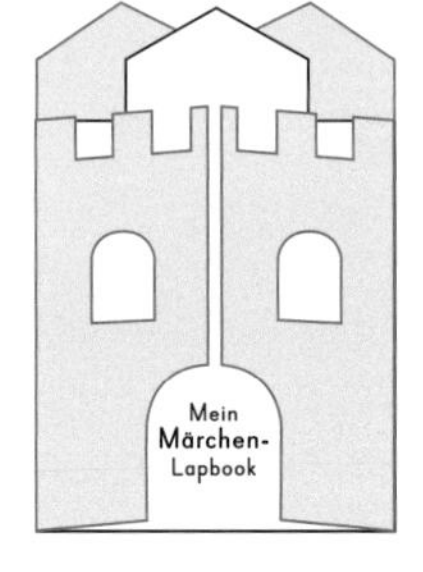

Mein Märchen-Lapbook

Mein Märchen-Lapbook

© Dorothee Wolters

© Dorothee Wolters

© Dorothee Wolters

Name: ....

....

Klasse: ....

Datum: ....

So ist mein Märchen-Lapbook

☺ = meistens (2 Punkte) ☹ = teilweise (1 Punkt) ☹ = nie (0 Punkte)

Name: .... Klasse: .... Datum: ....

Gestaltung/Arbeitsweise	
Ich habe meine Minibücher sauber ausgeschnitten, gefaltet und geklebt.	☺ 😐 ☹
Ich habe ordentlich geschrieben, ausgemalt oder gemalt.	☺ 😐 ☹
Ich habe einen Märchen-Umschlag gestaltet.	☺ 😐 ☹
Ich habe selbstständig gearbeitet.	☺ 😐 ☹
Ich habe mich an unsere Arbeitsregeln gehalten.	☺ 😐 ☹
Ich habe eigene Ideen/Themen umgesetzt.	☺ 😐 ☹
Inhalt	
Ich kenne die Märchenmerkmale.	☺ 😐 ☹
Ich kann an einem Märchen Märchenmerkmale zeigen.	☺ 😐 ☹
Ich kenne diese Märchenbuchautoren: ○ Brüder Grimm ○ Hans Christian Andersen	☺ 😐 ☹
Ich kenne das Leben eines Märchenbuchautors genau.	☺ 😐 ☹
Von diesen Märchen kenne ich den Inhalt:	☺ 😐 ☹
Ich kann ein Märchen nacherzählen.	☺ 😐 ☹
Ich habe ein Märchen besonders gestaltet: ○ Fingerpuppen ○ Erzähltheater ○ Quiz ○ Gespräch	☺ 😐 ☹
Ich habe ein Märchen nach Vorgaben geschrieben und gestaltet.	☺ 😐 ☹
Ich habe mir Zusatzwissen zum Märchen erarbeitet.	☺ 😐 ☹

Das ist mir schwergefallen:

....

....

....

Das ist mir leichtgefallen:

....

....

....

So gefällt mir mein Lapbook insgesamt: ☺ 😐 ☹

Mein Märchen-Diplom

☺ = meistens (2 Punkte) 😐 = teilweise (1 Punkt) ☹ = nie (0 Punkte)

Name: .... Klasse: .... Datum: ....

Gestaltung/Arbeitsweise	Punkte	Bemerkung
Du hast sauber ausgeschnitten, gefaltet und geklebt.	☺ 😐 ☹	
Du hast einen Märchen-Umschlag gestaltet.	☺ 😐 ☹	
Du hast ordentlich geschrieben, gemalt und geklebt.	☺ 😐 ☹	
Du hast selbstständig gearbeitet.	☺ 😐 ☹	
Du hast unsere Arbeitsregeln eingehalten.	☺ 😐 ☹	
Du hast eigene Ideen/Themen umgesetzt.	☺ 😐 ☹	
Du hast dein Lapbook gut eingeschätzt.	☺ 😐 ☹	
Inhalt	**Punkte**	**Bemerkung**
Du kennst die Märchenmerkmale.	☺ 😐 ☹	
Du kannst Märchenmerkmale in einem Märchentext zeigen.	☺ 😐 ☹	
Du kennst Märchenautoren.	☺ 😐 ☹	
Du kennst das Leben eines Märchenautors genau.	☺ 😐 ☹	
Du kennst den Inhalt von .... Märchen.	☺ 😐 ☹	
Du kannst ein Märchen nacherzählen.	☺ 😐 ☹	
Du hast ein Märchen besonders gestaltet: ○ Fingerpuppen ○ Erzähltheater ○ Quiz ○ Gespräch	☺ 😐 ☹	
Du hast ein eigenes Märchen nach Vorgaben geschrieben und gestaltet.	☺ 😐 ☹	
Du hast dir Zusatzwissen zum Märchen erarbeitet.	☺ 😐 ☹	

Das ist besonders toll an deinem Lapbook:	
Diesen Tipp habe ich für dich:	

Gesamtpunktzahl: .... Note: ....

Infokarten

Märchenwissen für Schlaumeier

Infokarte 1

Das Wort „Märchen“ kommt von dem Begriff „maere“. Das heißt übersetzt „Kunde“, „Nachricht“ oder „Erzählung“. Märchen sind kurze, erfundene Geschichten, die von fantastischen und wunderbaren Begebenheiten erzählen. Die Märchen, die wir heute kennen, werden in Volksmärchen und Kunstmärchen unterschieden.

Volksmärchen gibt es schon seit vielen Jahrhunderten auf der ganzen Welt. Ursprünglich waren sie jedoch nicht für Kinder gedacht. Während der Heimarbeit erzählten sich die Erwachsenen gegenseitig Geschichten, um sich die Zeit zu verkürzen. Die Menschen wollten sich damit auch unverständliche Dinge erklären. Sie wollten zeigen, was Gut und was Böse ist und dass es besser ist, gut zu sein, da das Böse bestraft wird. Die Geschichten wurden jedoch nicht aufgeschrieben, sondern über Generationen immer nur weitererzählt. Dazu gehören zum Beispiel die Märchen „Aschenputtel“ oder „Der Froschkönig“. Erst viel später begannen Märchensammler, wie die Brüder Grimm, diese Geschichten zu sammeln und aufzuschreiben. Die Erfinder dieser Märchen sind jedoch unbekannt.

Bei den **Kunstmärchen** sind die Erfinder bekannt. Sie selbst haben ihre eigenen Geschichten aufgeschrieben. Ein berühmter Autor ist Hans Christian Andersen. Er schrieb zum Beispiel „Die kleine Meerjungfrau“ oder „Die Prinzessin auf der Erbse“.

Märchen wurden und werden **aus anderen Ländern** übernommen. Dabei wurden oder werden sie von den Menschen, die sie erzählen oder aufschreiben, immer wieder verändert, zum Beispiel „Schneewittchen“ oder „Rotkäppchen“. Auch heute noch sind Märchen sehr beliebt. Es gibt sie als Lesebücher, Bilderbücher, Hörspiele, Theaterstücke oder Filme.

Märchenmerkmale (Teil 1)

Infokarte 2

Märchen sind kurze, frei erfundene Erzählungen. Vieles in Märchen ist gleich. An den folgenden Merkmalen kannst du ein Märchen erkennen.
Hinweis: Es müssen nicht alle Merkmale in einem Märchen vorkommen!

Märchenanfang und Märchenende: Für die ersten Worte und den letzten Satz eines Märchens gibt es typische Formulierungen:
Beispiele für Anfänge: „Es war einmal …“, „Vor langer Zeit …“, „Es lebte einmal …“
Beispiele für Enden: „Und wenn sie nicht gestorben sind, dann leben sie noch heute.“, „Und sie lebten glücklich bis an ihr Lebensende.“

Märchenorte: Es wird nicht erzählt, wann und wo das Märchen genau spielt. Es sind Orte, die überall sein können.
Beispiele: ein Wald, ein Brunnen, ein Schloss

Besondere Gegenstände: In Märchen gibt es oft Gegenstände, die eine wichtige Rolle spielen.
Beispiele: goldene Kugel, silberner Schuh, Erbse

Magische Kräfte: Oft spielen Zauberkräfte eine wichtige Rolle. Menschen, Tiere, Pflanzen oder Dinge können etwas Außergewöhnliches oder Unmögliches.
Beispiele: Märchenfiguren können fliegen; Menschen, Pflanzen oder Tiere verschwinden oder werden verzaubert und wieder erlöst; sprechender Zauberspiegel oder das Tischleindeckdich, das sich selbst mit Essen deckt

Infokarten

Märchenmerkmale (Teil 2)

Infokarte 3

Märchenfiguren: In Märchen gibt es gute und böse Figuren. Sie tragen meist eine allgemeine Bezeichnung, wie „König“, „Königstochter“ oder „Bruder“, und haben oft keinen Namen. Darunter sind Figuren, die es in Wirklichkeit gar nicht gibt.
Beispiele: *sprechende Tiere, Hexe, Zauberer, Drache, Riese, verzauberte Prinzessin*

Viele Märchenfiguren haben in den verschiedenen Märchen immer wieder die gleichen Eigenschaften.
Beispiel: *Prinz → tüchtig, reines Herz, mutig …*

Tiere: In vielen Märchen spielen Tiere eine besondere Rolle. Sie können wie die Menschen sprechen und handeln. Es gibt gute Tiere und böse Tiere.
Beispiel für gute Tiere: *Esel, 7 Geißlein*
Beispiel für böse Tiere: *Wolf*

Gegensätze: Im Märchen kommen oft Gegensätze vor.
Beispiele: *gut und böse, schön und hässlich, arm und reich*

Aufgaben und Prüfungen: Die Märchenfiguren erhalten meist eine Aufgabe oder Prüfung, die sie im Verlauf der Geschichte mit Mut, List, Güte, Glück oder Fleiß lösen oder bestehen müssen. Dabei erleben sie Abenteuer oder geraten in Gefahr. Oft werden sie von besonderen Helfern, wie Fantasiewesen, Tieren, Pflanzen oder Dingen mit Zauberkräften, unterstützt.
Beispiele für Aufgaben und Prüfungen: *einen Riesen besiegen, einen Namen herausfinden, jemanden befreien*
Beispiele für Helfer: *kleine Tiere (zum Beispiel Bienen), Fee, Pflanzen mit Zauberkräften, Spiegel verrät Geheimnisse*

Märchenmerkmale (Teil 3)

Infokarte 4

Reime und Sprüche: Sätze, Zauberformeln oder Reime werden im Text wiederholt.
Beispiel: *„Knusper, knusper, knäuschen, wer knuspert an meinem Häuschen?“*

Märchenzahlen: Es kommen oft die Zahlen 3, 7 und 12 vor. Dies kann bereits in der Überschrift oder auch nur im Text sein.
Beispiele Überschrift: *„Die 3 Federn“, „Die 7 Raben“*
Beispiele Text: *es müssen 3 Aufgaben gelöst werden, 3 Brüder, Schneewittchen wohnt bei den 7 Zwergen*

Zeitform: Märchen werden in der 1. Vergangenheit (Präteritum) erzählt.
Beispiel: *Im Wald begegnete Rotkäppchen dem Wolf.*

Märchensprache: Da Märchen schon sehr alt sind, wird eine ganz besondere Sprache gesprochen. Es gibt Wörter und Redewendungen, die heute nicht mehr benutzt werden.
Beispiele: *„Königstochter“ (Prinzessin), „vorzeiten“ (vor langer Zeit), „Sie lebten glücklich bis an ihr Ende.“ (Sie lebten glücklich bis zu ihrem Tod.)*

Ende gut – alles gut! Märchen enden meist glücklich. Es siegt das Gute über das Böse oder das Gute wird belohnt und das Böse bestraft. Obwohl oft schlimme Dinge vorkommen, endet alles gut.
Beispiele: *Die fleißige Goldmarie wird mit Gold überschüttet, die faule Pechmarie wird mit Pech überschüttet (Frau Holle); ein armes Kind verschenkt sein letztes Essen und seine letzte Kleidung und wird am Ende reich (Die Sterntaler)*

Die Brüder Grimm

Infokarte 5

Die Brüder Grimm gehören zu den berühmtesten Märchensammlern der Welt. Sie sind die Sammler, Nacherzähler und Herausgeber der „Kinder und Hausmärchen“.

Jacob und Wilhelm Grimm stammen aus Hanau (Hessen). Jacob wurde 1785 und Wilhelm 1786 geboren. Die beiden hatten noch 7 jüngere Geschwister, von denen 3 bereits als Säuglinge starben. Ihr Vater war ein Beamter und ihre Mutter kam aus einer Pastorenfamilie. Die Brüder erhielten eine gute Schulbildung und studierten später an der Universität. Beide wurden Professoren für deutsche Sprache und Grammatik an der Universität in Göttingen. In Berlin schrieben sie am ersten deutschen Wörterbuch, das sie jedoch nie selbst fertigstellen konnten.

Jakob und Wilhelm waren schon als Kinder von Märchen fasziniert. Sie fanden es schade, dass diese nur mündlich weitererzählt wurden. Deshalb begannen sie, die Märchen von über 50 Märchenerzählerinnen und Märchenerzählern zu sammeln und aufzuschreiben. So erschien 1812 ihr erster Band der „Kinder und Hausmärchen“. Bereits 1815 erschien der zweite Band. Für diesen zeichnete ihr Bruder Ludwig Emil Grimm auch Bilder. In ihren „Kinder- und Hausmärchen“ sammelten die Brüder Grimm über 200 Volksmärchen. Diese wurden bis heute in über 140 Sprachen übersetzt und zählen zu den bekanntesten Büchern der Welt. Zu ihren berühmtesten Märchen gehören „Der Froschkönig“, „Schneewittchen“, „Rapunzel“, „Hänsel und Gretel“ und „Rotkäppchen“.

Wilhelm Grimm starb 1859 und Jacob Grimm 1863 in Berlin.

Hans Christian Andersen

Infokarte 6

Hans Christian Andersen ist der bekannteste Dichter und Schriftsteller Dänemarks. Er schrieb über 150 eigene Märchen, die zu den Kunstmärchen gehören.

Hans Christian Andersen wurde 1805 in Odense (Dänemark) geboren. Er war der Sohn eines Schuhmachers und einer Wäscherin und wuchs in armen Verhältnissen auf. Mit 14 Jahren zog er nach Kopenhagen, weil er Schauspieler werden wollte. Er hatte jedoch keinen Erfolg. Glücklicherweise bekam er die Möglichkeit, beim Direktor des Königlichen Theaters zu wohnen. Dadurch konnte er zunächst an der Lateinschule lernen und später an der Universität in Kopenhagen studieren.

Dort entdeckte Andersen sein Talent für das Schreiben von Märchen. Er reiste nach Deutschland, Frankreich und Italien. Dort sammelte er Volksmärchen als Anregung für seine eigenen Märchen. Diese schrieb er um, damit sie von Kindern verstanden werden konnten. Zu seinen berühmtesten Märchen gehören „Die kleine Meerjungfrau“, „Die Prinzessin auf der Erbse“, „Des Kaisers neue Kleider“, „Die Schneekönigin“ und „Das hässliche Entlein“.

Hans Christian Andersen starb 1875 in Kopenhagen.

 ISBN 978-3-8346-4285-1 | www.verlagruhr.de

© Verlag an der Ruhr | Autorin: Doreen Blumhagen | Illustration Icon: Anja Boretzki | ISBN 978-3-8346-4285-1 | www.verlagruhr.de

Infokarten

Der Aufbau eines Märchens

Infokarte 7

Märchen sind immer gleich aufgebaut.

Die **Überschrift** ist kurz und nennt die Hauptfiguren.
<u>Beispiele:</u> *„Rotkäppchen", „Die kleine Meerjungfrau"*

Die **Einleitung** ist kurz und antwortet auf die Fragen:
Wer?, Wo?, Wann? und Was?
Sie beginnt meist mit einem typischen Märchenanfang.
<u>Beispiele:</u> *„Es war einmal ...", „Vorzeiten ..."*

Die Hauptfiguren ...
- → sind ganz normale Menschen.
- → sind unglücklich, arm, hungrig, krank oder hässlich.
- → haben ein Problem.
- → wollen jemand anderem helfen, ihn erlösen oder befreien.

Der **Hauptteil** ist lang und ausführlich.
Die Hauptfiguren erhalten oft eine Aufgabe, die sie mit Güte, Mut, Glück, Fleiß oder List bestehen.
<u>Beispiele:</u> *ein böses Wesen besiegen, jemanden befreien*
Sie erhalten oft Hilfe von Fantasiewesen, Pflanzen oder Tieren.
<u>Beispiele:</u> *Feen, Zwerge, Pflanzen mit besonderer Heilwirkung*

Der **Schluss** ist kurz.
Obwohl oft sehr schlimme Dinge vorkommen, wendet sich die Situation zum Guten. Die Hauptfigur ...
- → heiratet eine Prinzessin/einen Prinzen, wird Königin/König.
- → ist zufrieden, glücklich, reich, satt, gesund oder schön.
- → hat ihr Problem gelöst.
- → wird für ihre Hilfe, Erlösung, Befreiung belohnt.

Das Märchen endet meist mit einem typischen Schlusssatz.
<u>Beispiel:</u> *„Und wenn sie nicht gestorben sind, dann leben sie noch heute."*

Ein Minimärchen schreiben

Infokarte 8

Mit nur 6 Sätzen schreibst du ein Minimärchen.
Wähle dir ein Thema aus. Schreibe zu jeder Zahl einen Satz.
Schreibe in der Vergangenheit.

Die Verwandlung	**Eine besondere Aufgabe**
① Märchenanfang + Wer ist die Hauptfigur? ② In welches Wesen wird die Hauptfigur verwandelt? Wie sieht sie aus? Was kann sie jetzt? ③ Von wem und warum wird die Hauptfigur verwandelt? ④ Was erlebt die Hauptfigur? ⑤ Wie wird die Hauptfigur wieder zurückverwandelt? ⑥ Typisches Märchenende	① Märchenanfang + Wer ist die Hauptfigur? ② Welche Aufgabe muss die Hauptfigur lösen? ③ Welche Figur will die Hauptfigur daran hindern? Wie macht sie das? ④ Wie kann die Hauptfigur die Aufgabe trotzdem lösen? ⑤ Welchen Lohn gibt es für das Lösen der Aufgabe? ⑥ Typisches Märchenende
Das Gute siegt	**Ein magisches Ding**
① Märchenanfang + Wer ist die Hauptfigur? ② Welcher bösen Figur begegnet sie? Wo ist das? ③ Wie schadet sie der Hauptfigur? ④ Wie kann die Hauptfigur die böse Figur besiegen oder wie wird die Hauptfigur gerettet? ⑤ Was macht die Hauptfigur zum Schluss? ⑥ Typisches Märchenende	① Märchenanfang + Wer ist die Hauptfigur? ② Welches magische Ding hat/erhält die Hauptfigur? Woher hat sie es? ③ Was kann die Hauptfigur mit dem magischen Ding tun? ④ Wer will ihr das magische Ding wegnehmen? Warum? ⑤ Wie kann die Hauptfigur es behalten? ⑥ Typisches Märchenende

Märchenkarten

Rotkäppchen

Märchenkarte 1

Es war einmal ein kleines Mädchen namens Rotkäppchen.
Eines Tages sprach die Mutter: „Ich habe Kuchen und Wein für die Großmutter. Bringe den Korb zur ihr. Komm aber nicht vom Weg ab und sprich mit niemandem.“ Rotkäppchen versprach es.
Im Wald begegnete es dem Wolf. Er fragte listig: „Wohin gehst du?“ „Zur Großmutter“, antwortete es. Und als der Wolf fragte, wo die Großmutter wohne, erzählte es das Mädchen ihm.
Da schlug der Wolf vor: „Pflücke doch Blumen für deine Großmutter. Sie wird sich freuen.“ Das tat das Mädchen und kam dabei weit vom Weg ab.
Der Wolf aber lief zum Haus der Großmutter. Diese dachte, es sei Rotkäppchen, und bat ihn herein. Doch der Wolf verschlang sie mit einem Bissen. Er zog ihre Kleider an, setzte sich die Haube auf und legte sich in das Bett.
Als Rotkäppchen in die Stube kam, war es verwundert.
„Ei, Großmutter, was hast du für große Ohren und Augen?“, fragte sie. „Damit ich dich besser hören und sehen kann!“
„Ei, Großmutter, was hast du für große Hände und ein entsetzlich großes Maul?“, frage es weiter. „Damit ich dich besser packen und fressen kann!“, sagte der Wolf, sprang aus dem Bett und verschlang Rotkäppchen. Dann legte er sich wieder hin.
Da kam der Jäger am Haus vorbei. Er hörte das laute Schnarchen und wunderte sich. In der Stube sah er den Wolf. Er wollte ihn mit seinem Gewehr töten. Doch als er den dicken Leib sah, nahm er eine Schere, schnitt den Wolf auf und Rotkäppchen und die Großmutter schlüpften unversehrt heraus.
Den Leib des Wolfes füllten sie mit Steinen und nähten ihn wieder zu. Als der Wolf aufwachte, wollte er weglaufen. Doch die Steine waren so schwer, dass er tot umfiel.

nach den Brüdern Grimm

Das hässliche Entlein

Märchenkarte 2

Es war einmal eine Entenmutter, die auf einem Bauernhof lebte. Sie wartete, dass ihre 7 Küken schlüpften. Endlich schlüpften 6 wunderschöne Küken. Doch das siebte Ei war größer und rührte sich nicht. Ungeduldig wartete die Entenmutter. Einige Tage später schlüpfte ein großes, graues und hässliches Entlein.
Die Entenmutter hatte es lieb. Doch es bereitete ihr Sorgen, denn es war tollpatschig und wurde verspottet.
Eines Tages lief das Entlein weg. Unterwegs begegneten ihm viele andere Tiere. Doch niemand konnte ihm sagen, warum es so hässlich war.
Einmal kam es zu einer Bäuerin, die es für eine Gans hielt. Sie sperrte es in einen Käfig, damit es Gänseeier legte. Das Entlein bekam Angst, dass es als Gänsebraten enden würde, und lief eines Nachts wieder davon.
Es kam an einen See. Dort versteckte es sich im Schilf und beobachtete schöne, weiße Vögel mit langen Hälsen, die auf dem See schwammen. Doch als es kälter wurde, flogen die Schwäne davon und das Entlein blieb ganz allein zurück.
Es fand nichts zu fressen und wurde ganz schwach.
Ein Bauer fand das Entlein und nahm es mit. Seine Kinder pflegten es über den Winter. Als der Frühling kam, war das Entlein groß geworden und der Bauer brachte es zurück zum See.
Das Entlein sah im See sein Spiegelbild. Es erschrak, denn es war nicht mehr hässlich. Es war zu einem wunderschönen Schwan geworden. Als die anderen Schwäne zurückkehrten, freuten sie sich über ihn, weil er besonders schön war. Die Kinder am See riefen: „Der neue Schwan ist der schönste!“
Seit diesem Tag gab es kein hässliches Entlein mehr, sondern nur einen wunderbaren Schwan, der niemals mehr einsam war.

nach Hans Christian Andersen

Märchenkarten

Die Prinzessin auf der Erbse

Märchenkarte 3

Es war einmal ein Prinz, der eine echte Prinzessin heiraten wollte. Deshalb reiste er in der ganzen Welt herum. Zwar gab es genügend Prinzessinnen, aber er konnte nie herausfinden, ob es eine wirkliche Prinzessin war. Immer fand er etwas, was nicht richtig stimmte. Wieder zu Hause, war er ganz traurig, weil er keine Prinzessin gefunden hatte.
Eines Abends tobte ein furchtbares Gewitter. Es blitzte, donnerte und regnete ganz fürchterlich. Da klopfte ein Mädchen an das Tor. Es wurde hereingelassen. Doch wie sah es aus? Das Wasser lief ihm von den Haaren und Kleidern herab und in die Schnäbel seiner Schuhe. Trotzdem sagte es, dass es eine Prinzessin sei.
Die Königin wollte herausfinden, ob das Mädchen die Wahrheit sagte. Heimlich ging sie in die Schlafkammer. Sie nahm alles Bettzeug ab und legte eine Erbse auf den Boden. Auf die Erbse legte sie 20 Matratzen und 20 Daunendecken. Darauf musste nun die Prinzessin die ganze Nacht liegen.
Am Morgen wurde die Prinzessin gefragt, wie gut sie geschlafen hätte. „Oh, es war entsetzlich!“, sagte die Prinzessin. „Ich konnte meine Augen fast die ganze Nacht nicht schließen! Gott weiß, was da in meinem Bette gelegen ist. Es war etwas so Hartes, dass ich ganz braun und blau am ganzen Körper bin. Es ist schrecklich!“
Da sahen sie, dass das Mädchen die Wahrheit sagte. So empfindlich konnte nur eine wirkliche Prinzessin sein. Der Prinz nahm sie zur Frau. Die Erbse aber kam in die Kunstkammer. Dort ist sie heute immer noch zu sehen, wenn sie nicht gestohlen wurde.

Nach Hans Christian Andersen

Aschenputtel (Deutschland)

Märchenkarte 4

Es war einmal ein Mann, der hatte eine Tochter. Als seine Frau starb, heiratete er eine Frau mit 2 bösen Töchtern.
Das Mädchen musste arbeiten und in der Asche schlafen.
Sie nannten es „Aschenputtel“. Einmal brachte ihm der Vater einen Haselzweig mit. Auf dem Grab der Mutter wuchs daraus ein Baum. Auf ihm saß ein Täubchen, das ihm Wünsche erfüllte.
Eines Tages lud der König für 3 Abende alle Mädchen zum Ball ein. Der Prinz sollte eine Braut wählen. Aschenputtel wollte zum Ball. Doch die Stiefmutter warf Linsen in die Asche und befahl ihr, sie erst zu lesen. Da rief es die Tauben um Hilfe. So war die Arbeit bald getan. Doch Aschenputtel durfte nicht gehen.
Es rief am Grab der Mutter: „Bäumchen, rüttel dich und schüttel dich. Wirf Gold und Silber über mich.“ Da warf das Täubchen ein prächtiges Kleid herab. Damit ging das Mädchen zum Ball. Der Prinz tanzte nur mit ihm. Um Mitternacht eilte es nach Hause.
Ebenso geschah es auch am nächsten Abend. Am dritten Tag bestrich der Prinz die Treppe mit Pech. Als Aschenputtel weglief, blieb der silberne Schuh kleben. Der Prinz sagte:
„Das Mädchen, dem dieser Schuh passt, wird meine Braut.“
Als er bei der Suche zum Haus des Mannes kam, hackte die Stiefmutter einer Tochter den Zeh ab, damit der Schuh passte.
Die Täubchen gurrten: „Rucke di gu, rucke di gu, Blut ist im Schuh, der Schuh ist zu klein, die rechte Braut sitzt noch daheim!“ Dasselbe geschah mit der zweiten Tochter, der die Ferse abgehackt wurde. Der Prinz fragte nach einer weiteren Tochter. Als Aschenputtel der Schuh passte, gurrten die Täubchen: „Rucke di gu, rucke di gu, kein Blut im Schuh, der Schuh ist nicht zu klein, die rechte Braut, die führt er heim!“
Sie feierten Hochzeit und die Schwestern wurden bestraft.

Nach den Brüdern Grimm

Märchenkarten

Aschenputtel (Frankreich)

Märchenkarte 5

Vor langer Zeit lebte ein Mann, der hatte eine gütige Tochter. Seine Frau starb und er heiratete eine Frau mit 2 hochmütigen Töchtern. Die Stiefmutter zwang die Tochter, zu arbeiten und auf dem Dachboden zu schlafen. Das Mädchen setzte sich jeden Abend an den Ofen und wurde „Aschenputtel" genannt. Eines Tages lud der König zu einem Ball ein, zu dem auch die Stiefschwestern gingen. Aschenputtel wollte mit, aber dachte, dass es niemand ins Schloss lassen würde. Es weinte. Das sah die Patin, eine gute Fee. Mit ihrem Zauberstab verwandelte sie einen Kürbis in eine goldene Kutsche, 6 Mäuse in Pferde, eine Ratte in einen Kutscher und 6 Eidechsen in Diener. Aus den Lumpen wurde ein prächtiges Ballkleid. Das Mädchen fuhr zum Schloss. Zuvor warnte die Fee, dass um Mitternacht der Zauber verfliegen würde. Im Schloss tanzte der Prinz nur mit ihm und um Mitternacht lud er es für den nächsten Abend ein.

Die Fee half erneut und Aschenputtel fuhr wieder zum Schloss. Doch es vergaß, wie spät es war. Um Mitternacht flüchtete es und verlor dabei einen Schuh. Der Prinz fand ihn und verkündete, dass er das Mädchen heiraten wolle, dem der Schuh passte. Als die Diener am Haus ankamen, in dem Aschenputtel wohnte, probierten die Stiefschwestern den Schuh. Doch er passte ihnen nicht. Aschenputtel fragte, ob sie es auch versuchen dürfte. Die Schwestern lachten, doch der Schuh passte. Aschenputtel zog den zweiten Schuh an und die Fee zauberte ihr ein noch schöneres Kleid. Die Schwestern erkannten, wie böse sie waren. Aschenputtel verzieh ihnen. Als sie den Prinzen heiratete, zogen die Schwestern mit auf das Schloss und wurden mit Hofherren vermählt. Und wenn sie nicht gestorben sind, dann leben sie noch heute.

Nach Charles Perrault

Märchenlieder

Märchenkarte 6

Hänsel und Gretel

1. Hänsel und Gretel verliefen sich im Wald.
Es war so finster und auch so bitterkalt.
Sie kamen an ein Häuschen von Pfefferkuchen fein.
Wer mag der Herr wohl von diesem Häuschen sein?

2. Hu-hu, da schaut eine alte Hexe raus.
Sie lockt die Kinder ins Pfefferkuchenhaus.
Sie stellte sich gar freundlich. O, Hänsel, welche Not!
Ihn wollt sie braten im Ofen braun wie Brot!

3. Doch als die Hexe zum Ofen schaut hinein,
ward sie gestoßen von unserm Gretelein.
Die Hexe musste braten, die Kinder gehn nach Haus.
Nun ist das Märchen von Hans und Gretel aus.

Dornröschen

1. Dornröschen war ein schönes Kind.
2. Dornröschen, nimm dich ja in Acht!
3. Da kam die böse Fee herein:
4. „Dornröschen, schlafe 100 Jahr!"
5. Da wuchs die Hecke riesengroß.
6. Da kam ein junger Königssohn:
7. „Dornröschen, wache wieder auf!"
8. Da feierten sie das Hochzeitsfest.
9. Da jubelte das ganze Volk.

© Verlag an der Ruhr | Autorin: Doreen Blumhagen | Illustration Icon: Anja Boretzki | ISBN 978-3-8346-4285-1 | www.verlagruhr.de

Meine Märchensammlung

Meine Märchensammlung

① Schneide die Vorlage aus.

② Falte abwechselnd nach vorn und zurück. Es dürfen nur noch der Junge und die Überschrift zu sehen sein.

❸ **Welche Märchen kennst du?**

- **Schreibe auf jede Zeile einen Titel.**
- **Male zu jedem Märchen ein kleines Bild (zum Beispiel den Schuh bei „Aschenputtel").**

Hinweis: Schreibe auch auf die Rückseite.

④ Klebe das Minibuch mit der Rückseite auf dein Lapbook.

Mein Lieblingsmärchen

Es ist mein Lieblingsmärchen, weil …

Darum geht es:

Klebefläche

Mein Lieblingsmärchen:

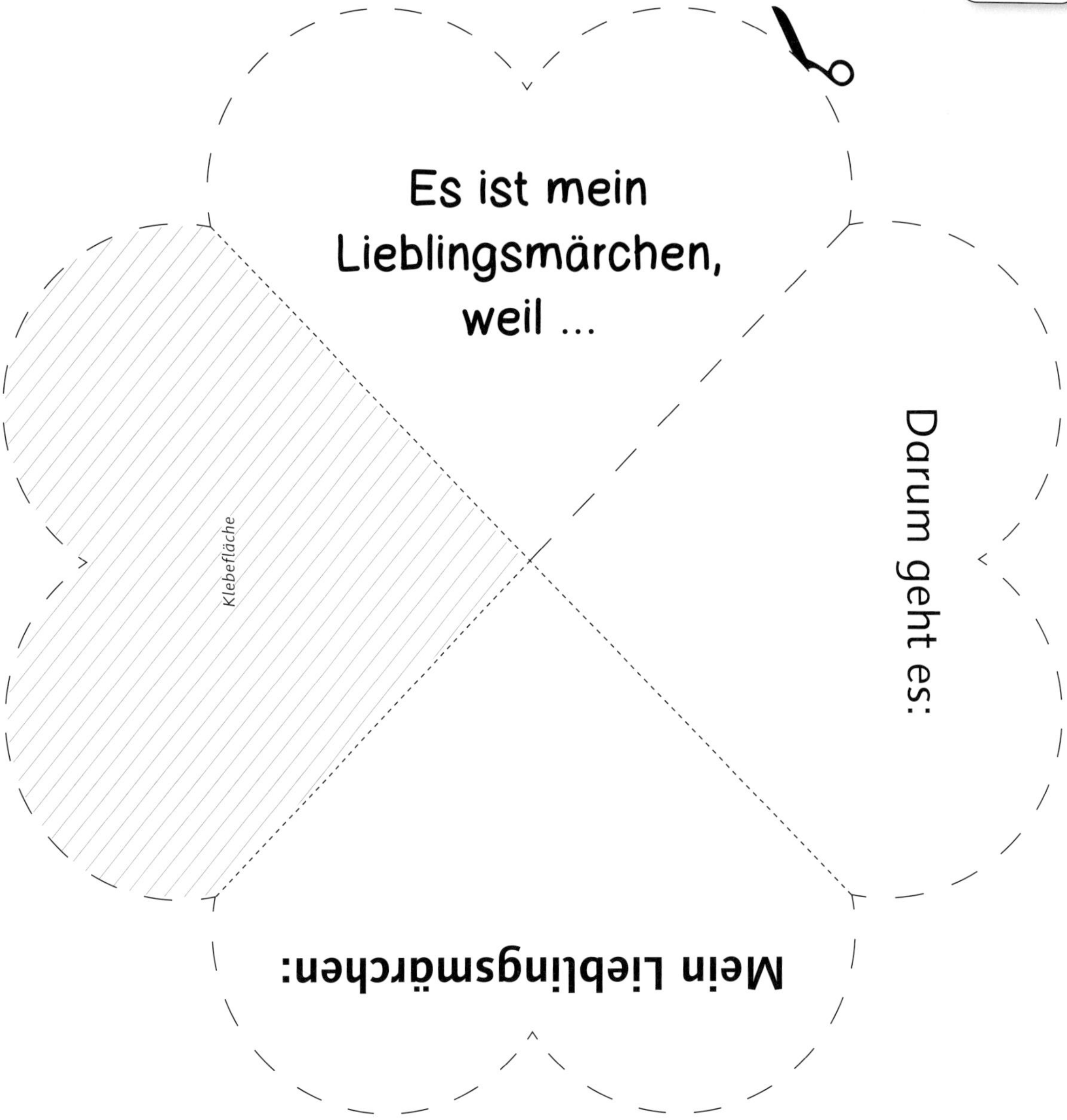

① Schneide die Vorlage aus. Schneide die Linie ein.

② Falte beide Herzklappen nach hinten. Falte das Herz noch einmal zusammen. Es ist nur noch ein Herz zu sehen.

❸ **Wie heißt dein Lieblingsmärchen? Schreibe es auf die Titelseite.**

❹ **Warum ist es dein Lieblingsmärchen? Schreibe es auf die Rückseite der linken Herzklappe.**

❺ **Worum geht es in deinem Märchen? Schreibe es in die rechte Herzklappe.**

❻ **Male ein Bild zu deiner Lieblingssituation aus dem Märchen auf das letzte leere Herz.**

⑦ Klebe das Minibuch mit der Klebefläche auf dein Lapbook.

Schon gewusst?

Interessantes über Märchen

① Schneide die Vorlagen aus. Stich die Punkte durch.

② Lege die Seiten aufeinander. Verbinde sie mit einer Musterklammer.

❸ **Lies → Infokarte 1.**

❹ **Schreibe auf jede Seite etwas Interessantes über Märchen.**

⑤ Klebe den Fächer mit der Rückseite auf dein Lapbook.

Märchenanfang und Märchenende

① Schneide die Vorlagen aus.

② Falte die Klebeflächen des Buches nach hinten.

③ Falte den Streifen am Bild nach hinten um. Klebe ihn mit der Klebefläche auf der Rückseite des Bildes fest.
Schiebe das Bild über das Buch.

❹ **Mit welchen Worten beginnen Märchen? Schreibe typische Anfänge auf die linke Seite. (→ Infokarten 2 und 7)**

❺ **Mit welchen Sätzen enden Märchen? Schreibe typische Enden auf die rechte Seite.**

<u>Tipp:</u> Schaue dir die Anfänge und Enden auf den Märchenkarten oder in Märchenbüchern an.

⑥ Klebe das Schiebe-Buch mit den Klebeflächen auf dein Lapbook.

Besondere Gegenstände

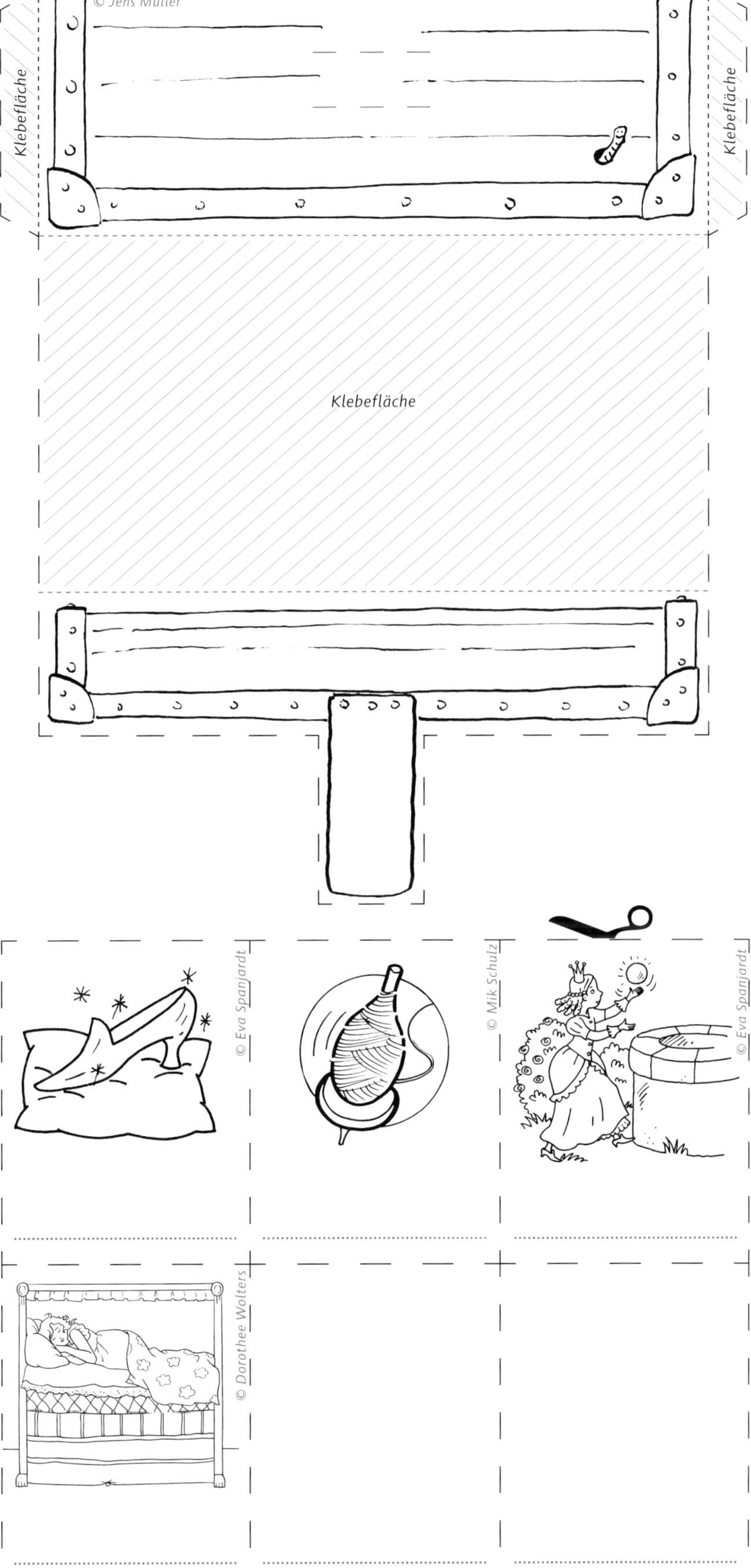

Karten:

① Schneide die Karten aus.

❷ **Zu welchen Märchen gehören die Gegenstände? Schreibe es unter die Bilder.**

❸ **Welche Gegenstände sind es und warum spielen sie eine besondere Rolle in den Märchen? Schreibe es auf die Rückseite. (→ Infokarte 2)**

❹ **Schreibe und male weitere besondere Gegenstände aus Märchen auf die leeren Karten. (→ Märchenbuch, Märchenkarten)**

Truhe:

⑤ Schneide die Truhe aus. Schneide für den Schlitz die beiden Schneidelinien ein.

⑥ Falte die Klappen nach hinten. Falte die Klebeflächen darüber und klebe sie fest.

⑦ Klebe die Truhe auf dein Lapbook.

© Verlag an der Ruhr | Autorin: Doreen Blumhagen | Illustrationen Icons: Anja Boretzki | ISBN 978-3-8346-4285-1 | www.verlagruhr.de

Magische Kräfte

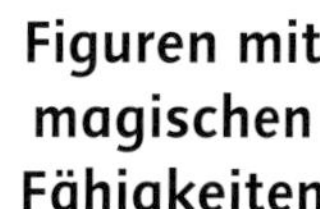

Figuren mit magischen Fähigkeiten

Magische Verwandlungen

Magische Gegenstände

Magische Pflanzen

Karten:

① Schneide die Vorlagen aus.

② Falte die Karten in der Mitte.

❸ **Aus welchen Märchen stammen die Kräfte auf den Bildern? Was ist daran magisch? Schreibe es in die Karten. (→ Infokarte 2)**

❹ **Kennst du mehr magische Kräfte? Schreibe sie in die Karten.**

Zauberkessel:

⑤ Schneide die Linie am Kessel ein. Falte die Klebeflächen nach hinten.

⑥ Klebe die Form nur mit der Rückseite des Zauberers und an den Klebeflächen auf das Lapbook.

⑦ Stecke die Karten in den Zauberkessel.

© Verlag an der Ruhr | Autorin: Doreen Blumhagen | Illustrationen Icons: Anja Boretzki | ISBN 978-3-8346-4285-1 | www.verlagruhr.de

Märchenzahlen

Märchenzahlen

① Schneide die Vorlage aus.

② Falte die Klappen zur Mitte.

❸ **Welche typischen Zahlen gibt es in Märchen? Schreibe immer eine Zahl groß auf eine geschlossene Klappe. (→ Infokarte 4)**

❹ **Finde zu jeder Zahl Beispiele aus Märchen. Schreibe sie mit den Märchentiteln in die Klappen.**

⑤ Schneide an den Schneidelinien ein.

⑥ Klebe das Minibuch auf dein Lapbook.

Verse und Zaubersprüche

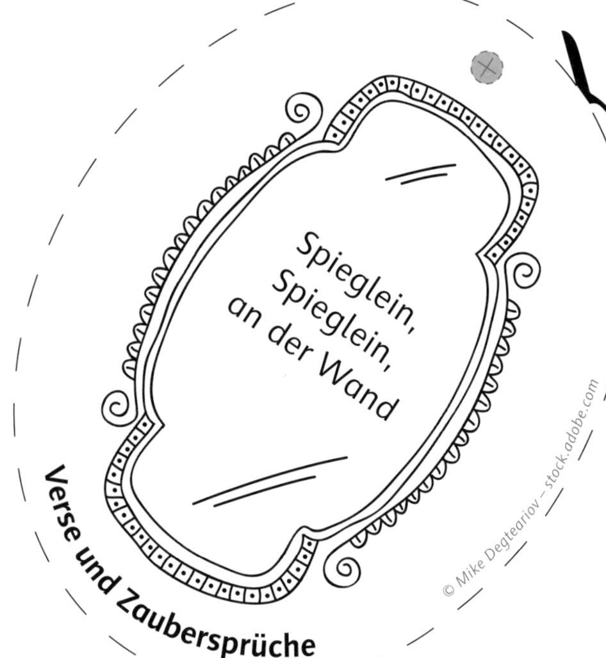

Märchen:

Spruch:

Märchen:

Spruch:

Märchen:

Spruch:

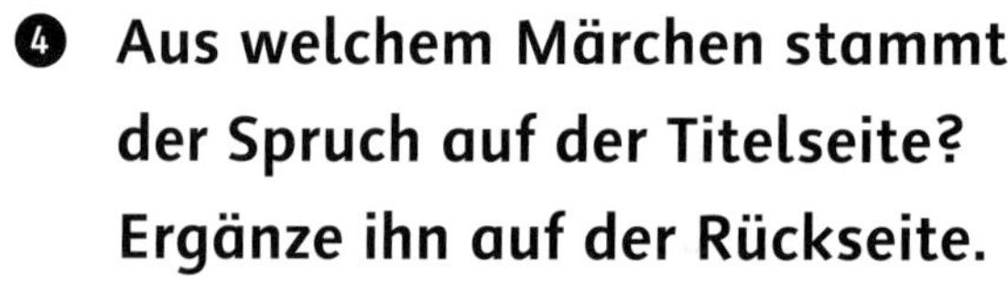

① Schneide die Vorlagen aus.
② Stich die schwarzen Punkte durch.
③ Lege die Seiten aufeinander. Verbinde sie mit einer Musterklammer.

❹ **Aus welchem Märchen stammt der Spruch auf der Titelseite? Ergänze ihn auf der Rückseite.**
❺ **Schreibe weitere Verse und Sprüche aus Märchen auf die Vorlagen. (→ Infokarte 4)**
⑥ Klebe den Fächer mit der Rückseite auf dein Lapbook.

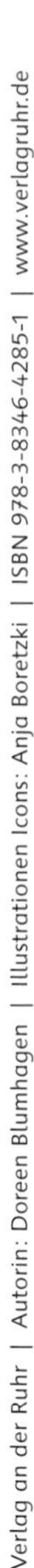

Märchenzeit

Märchenzeit

In welcher Zeitform sind Märchen geschrieben?

Wie wird diese Zeitform gebildet?

Das siebte Geißlein versteckte sich in der Standuhr.

① Schneide die Vorlage aus.

② Falte an der rechten Linie nach innen und an der linken Linie nach außen.

❸ **Beantworte die Fragen auf dem Minibuch. (→ Infokarte 4)**

❹ **Markiere im Beispielsatz das Verb farbig.**

❺ **Schreibe 3 weitere Sätze in der 1. Vergangenheit (Präteritum) zu verschiedenen Märchenfiguren (Rotkäppchen, der Froschkönig, die kleine Meerjungfrau …).**

⑥ Klebe das Minibuch mit der Rückseite auf dein Lapbook.

Märchensprache

Seite 2

Wörter

Königstochter:

Königssohn:

vorzeiten:

Seite 3

Redewendungen

… vergnügt bis an ihr Ende:

① Schneide die Vorlagen aus.

② Lege die Seiten aufeinander und hefte sie zusammen.

❸ **Schreibe für die Wörter und Redewendungen auf den Seiten eine Erklärung oder aktuelle Übersetzung. Wie würdest du heute dazu sagen? (→ Infokarte 4)**

❹ **Suche dir ein Märchen aus. Finde Wörter und Redewendungen, die man heute so nicht mehr verwenden würde. Ergänze das Minibuch. (→ Märchenkarten 1–4, Märchenbuch)**

⑤ Klebe das Buch mit der Rückseite auf dein Lapbook.

Märchenorte

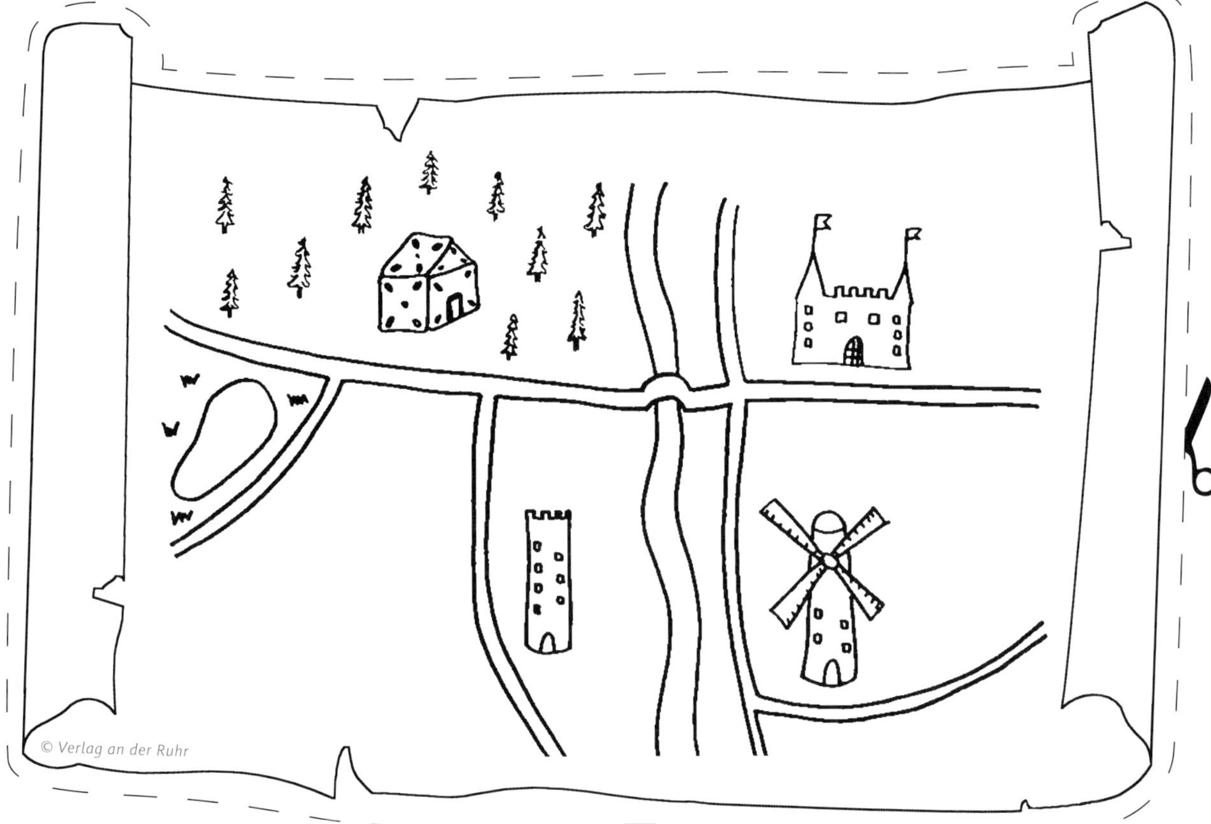

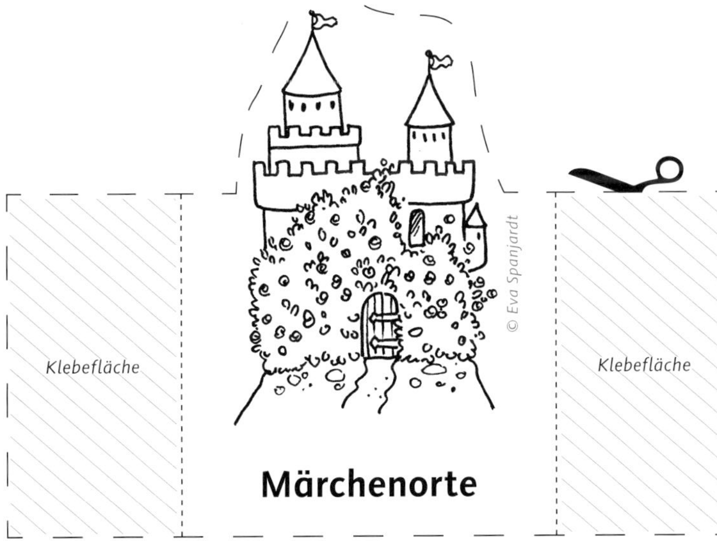

Schloss-Haltestreifen:

⑥ Schneide den Haltestreifen aus.

⑦ Falte die Klebeflächen nach hinten.

⑧ Klebe die Halterung auf dein Lapbook. Stecke die Karte in die Halterung.

Landkarte:

① Schneide die Landkarte aus.

❷ **Welche Märchenorte sind auf der Landkarte abgebildet? Schreibe sie auf die Rückseite der Karte.**

❸ **Kennst du noch weitere Orte? Male sie auf die Karte und schreibe sie auf. (→ Infokarte 2)**

❹ **Was ist das Besondere an den Orten in Märchen? Schreibe es auf die Rückseite der Karte.**

⑤ Rolle die Landkarte zusammen.

Tiere

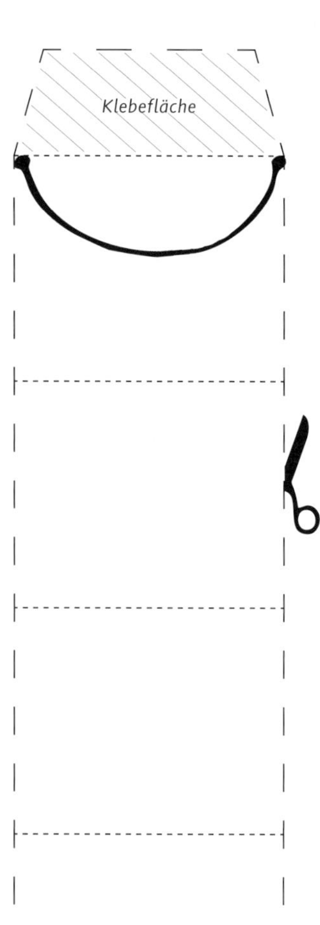

① Schneide die Vorlagen aus. Schneide den Schlitz am Froschmaul ein.

② Falte den Zungenstreifen abwechselnd nach vorn und zurück. Das Feld „Tiere" muss oben liegen.

③ Schiebe die Zunge bis zur Linie in den Mundschlitz. Klebe sie nur an der grauen Klebefläche an die Rückseite des Frosches.

❹ **Was ist besonders an Tieren in Märchen? Schreibe es auf die Rückseite der Zunge. (→ Infokarte 3)**

❺ **Schreibe immer ein Märchen-Tier auf ein Feld der Zunge. Sind die Tiere gut oder böse? Male die Felder grün für „gut" und rot für „böse" aus.**

⑥ Klebe den Frosch mit der Rückseite auf dein Lapbook. Stecke die Zunge zum Verschließen in den Mundschlitz.

Märchenfiguren

Diese Märchenfiguren gibt es in Wirklichkeit nicht:

Märchenfiguren

Klebefläche

① Schneide die Vorlage aus.

② Falte die schmale Klappe an der dicken Faltlinie nach hinten.

③ Falte die kleinen Klappen nach unten. Falte die schmale Klappe darüber.

❹ **Sind die Märchenfiguren auf den Klappen gut oder böse? Schreibe es unter die Bilder.**

❺ **Schreibe Beispiele für gute und böse Märchenfiguren in die Klappen. (→ Infokarte 3)**

❻ **Welche deiner Märchenfiguren gibt es in Wirklichkeit nicht? Schreibe es in die kleine Klappe.**

⑦ Klebe das Minibuch mit der Rückseite auf dein Lapbook.

Märchenfigur-Steckbrief

Diese Märchenfiguren begegnen ihr:

Diese magischen Dinge/Kräfte besitzt sie:

Das gefällt mir an ihr:

Ihre Aufgabe:

① Schneide die Vorlagen aus.
② Falte sie zur Mitte.
③ Klebe eine gefaltete Seite auf die linke Rückseite des Bilderrahmens. Klebe die andere gefaltete Seite an die rechte Rückseite des Bilderrahmens. Der Bilderrahmen liegt oben.
❹ **Wähle eine Märchenfigur aus, die dir gut gefällt. Ergänze den Steckbrief.**
❺ **Male ein Bild deiner Märchenfigur in den Bilderrahmen. Schreiben ihren Namen dazu.**
⑥ Klebe das Minibuch mit der Rückseite auf dein Lapbook.

Gegensätze

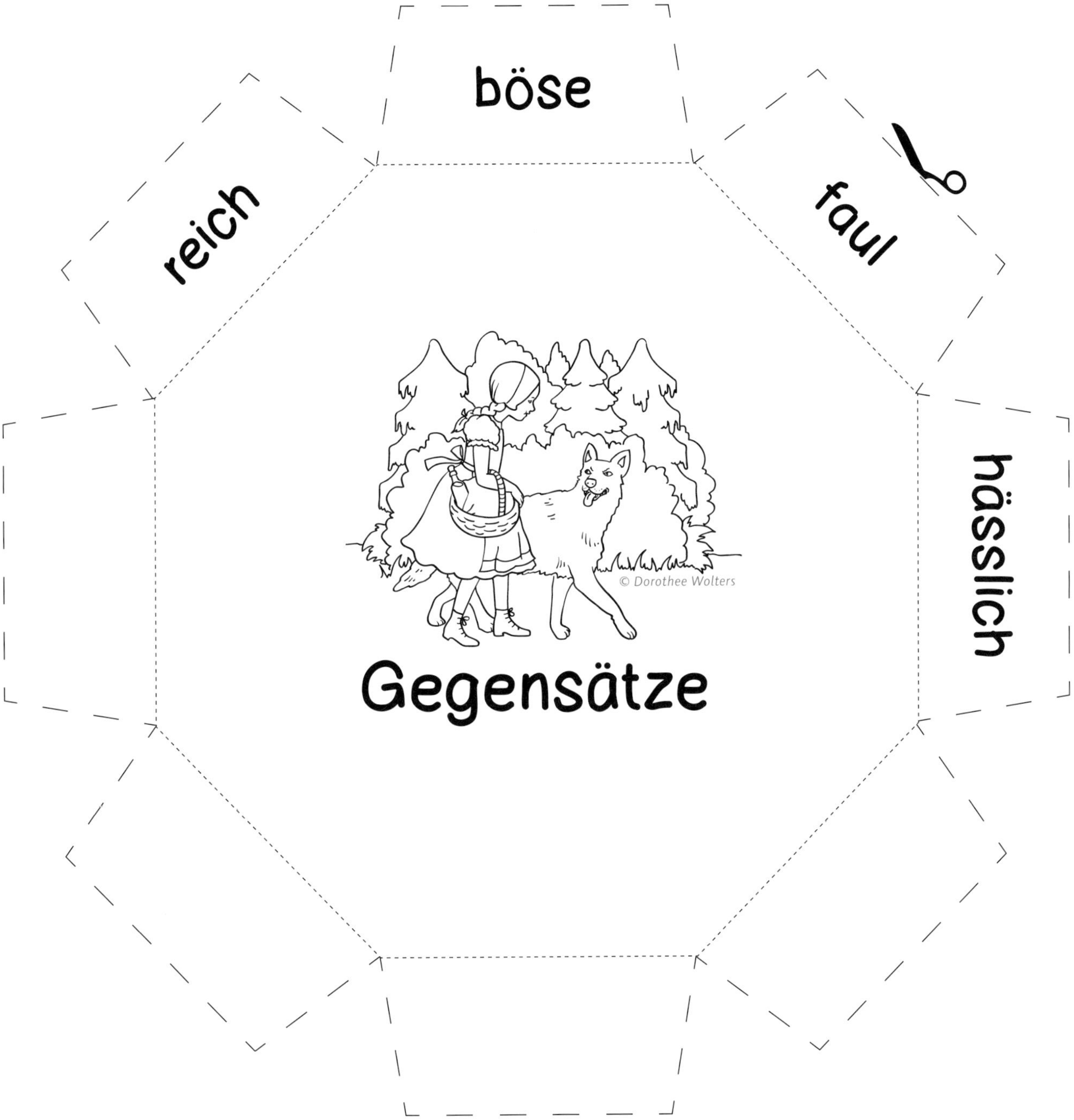

böse

reich

faul

hässlich

Gegensätze

© Dorothee Wolters

① Schneide die Vorlage aus.

② Falte alle Klappen zur Mitte.

❸ **Finde die Gegensätze zu den Adjektiven (Wiewörter).**
Schreibe sie auf die Vorderseite der Klappen.

❹ **Welche Gegensatzpaare kennst du noch aus Märchen?**
Schreibe sie auf die leeren Klappen. (→ Infokarte 3)

⑤ Klebe das Minibuch mit der Rückseite auf dein Lapbook.

Märchenfiguren und ihre Eigenschaften

Märchenfiguren

und ihre Eigenschaften

© Eva Spanjardt

© Eva Spanjardt

© Bettina Weyland

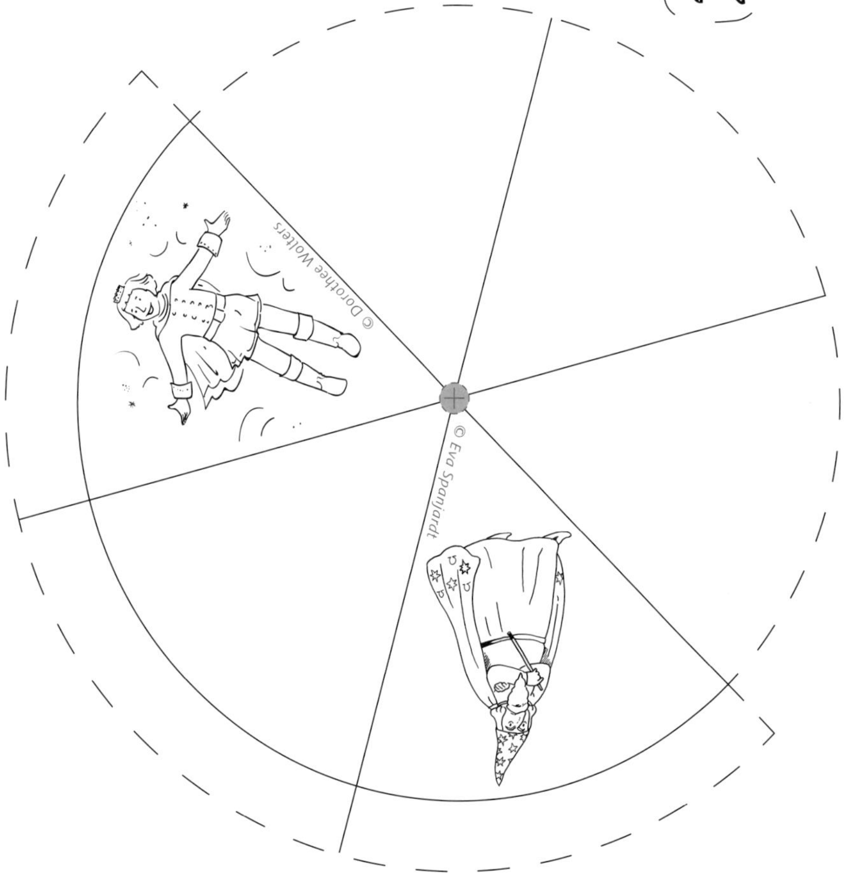

© Dorothee Wolters

© Eva Spanjardt

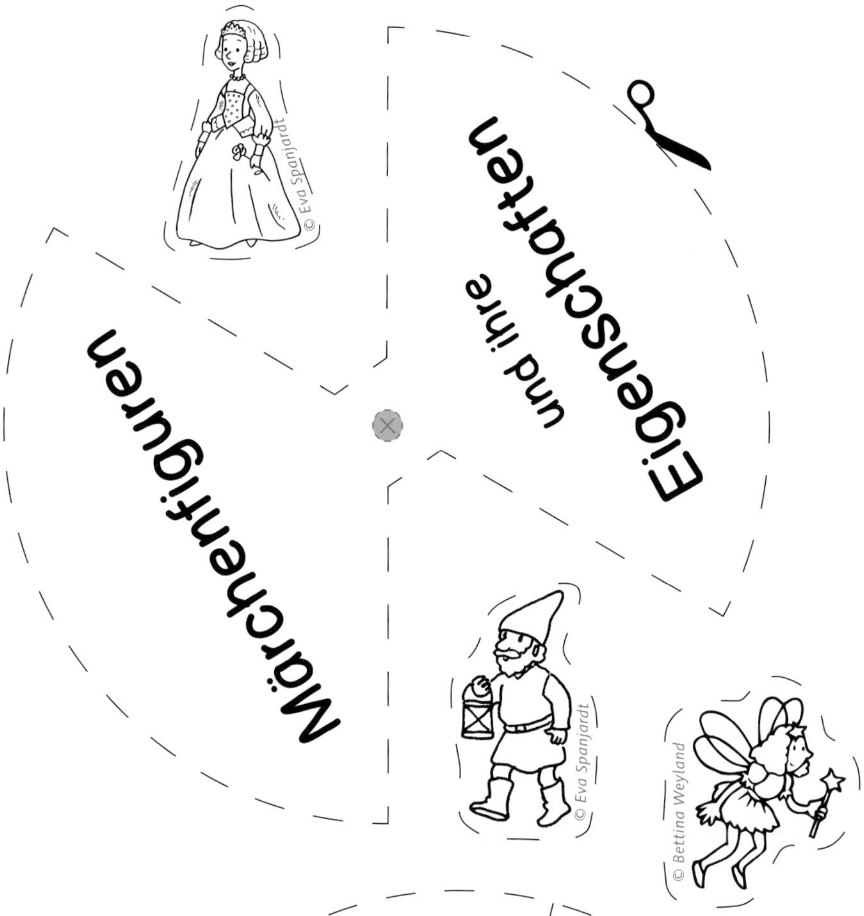

① Schneide die Vorlage aus.

② Lege den kleinen auf den großen Kreis.

③ Stich den Punkt durch. Verbinde beide Kreise mit einer Musterklammer.

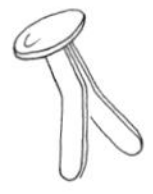

❹ **Welche Märchenfiguren siehst du auf den Bildern? Schreibe es darüber.**

❺ **Welche Eigenschaften haben diese Märchenfiguren? Schreibe es in den sichtbaren Ausschnitt, wenn du die Figur siehst (böse, mutig ...).**

❻ **Male und beschreibe in dem leeren Feld eine weitere Märchenfigur (Fee, Prinzessin, Stiefmutter ...).**

⑦ Klebe den Drehkreis mit der Rückseite auf dein Lapbook.

Prüfungen und Aufgaben

① Schneide die Vorlage aus.

② Falte erst die rechte Klappe nach links. Falte dann die Rapunzel-Klappen darüber.

❸ **Welche Aufgabe muss der Prinz im Märchen „Rapunzel" bestehen? Schreibe es in das Minibuch. (→ Infokarte 3)**

Klebefläche

Helfer:

Aufgabe:

Märchen: **Rapunzel**

❹ **Kennst du weitere Aufgaben oder Prüfungen, die die Hauptfiguren in Märchen erledigen oder bestehen müssen? Welche Märchenwesen helfen ihnen dabei? Schreibe immer ein Märchen in eine Klappe des Buches. (→ Infokarte 3)**

⑤ Klebe das Minibuch mit der Klebefläche auf dein Lapbook.

© Verlag an der Ruhr | Autorin: Doreen Blumhagen | Illustrationen Icons: Anja Boretzki | ISBN 978-3-8346-4285-1 | www.verlagruhr.de

Ende gut – alles gut!

© Dorothee Wolters

	Das Gute wird belohnt:	Das Böse wird bestraft:
	Das Gute wird belohnt:	Das Böse wird bestraft:
	Das ist zu Beginn schlimm:	So endet es trotzdem gut:
		Ende gut – alles gut!

① Schneide die Vorlage aus.

② Falte an der linken Faltlinie nach hinten und an der rechten nach vorn. Schneide die Klappen ein.

❸ **Wie endet das Märchen von Frau Holle? Wer wird wie belohnt oder bestraft? Schreibe es in die Felder der Klappe.**

❹ **Schreibe zu 2 weiteren Märchen, wie in ihnen …**
- **das Gute belohnt und das Böse bestraft wird.**
- **zu Beginn eine Märchenfigur in einer schlimmen Situation ist, es aber ein gutes Ende gibt. (→ Infokarten 4 und 7)**

⑤ Klebe das Minibuch mit der Rückseite auf dein Lapbook.

Märchen auf der Spur

Märchen-anfang

Märchen-figuren

Ist

ein Märchen?

Klebefläche

① Schneide die Vorlage aus.
Falte die Klappen nach hinten.
Falte dann das Buch in der Mitte.

❷ **Wähle ein Märchen aus. Schreibe es auf den Titel. (→ Märchenbuch)**

❸ **Untersuche an deinem Märchen die vorgegebenen Märchenmerkmale. Schreibe passende Beispiele aus dem Märchen auf die Rückseite der Klappen. (→ Infokarten 2–4)**

❹ **Welche Märchenmerkmale gibt es noch in deinem Märchen? Beschrifte die Klappen und schreibe die Beispiele in die Klappen.**

⑤ Klebe das Minibuch mit der Klebefläche auf dein Lapbook.

Die Brüder Grimm

Klebefläche ①

Klebefläche ①

Die Brüder Grimm

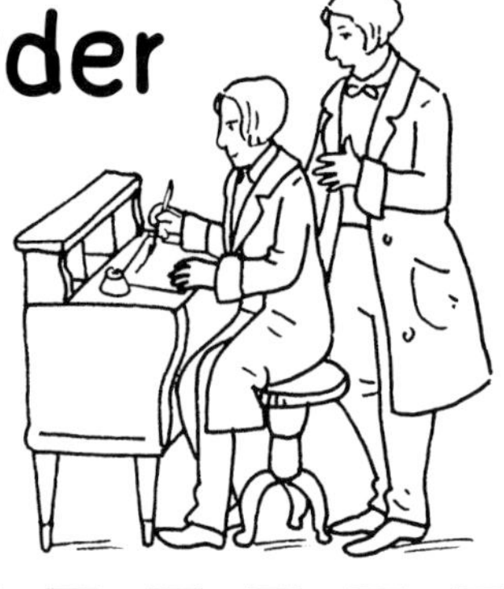

© Eva Spanjardt

Lebensdaten

Klebefläche ③

Klebefläche ②

Klebefläche ③

Märchen

Klebefläche ②

Interessantes

① Schneide die Vorlagen aus.
② Falte alle Klebeflächen mit Faltlinien nach hinten.
③ Klebe die Seiten an den Klebeflächen (1–1, 2–2, 3–3) zusammen.
④ Falte abwechselnd vor und zurück.
❺ **Informiere dich über die Brüder Grimm. (→ Infokarte 5)**
❻ **Beantworte die Fragen über den Überschriften.**

- **<u>Lebensdaten:</u> Wann haben sie gelebt?**
- **<u>Interessantes:</u> Was hat du über ihr Leben herausgefunden?**
- **<u>Märchen:</u> Welche Märchen haben sie aufgeschrieben?**

⑦ Klebe das Minibuch mit der Rückseite von „Interessantes" auf.

Märchen der Brüder Grimm

Karten:

① Schneide die Karten aus.

❷ **Zu welchen Märchen gehören die Bilder? Schreibe den Märchentitel immer auf die Rückseite der Karten.**

❸ **Kennst du weitere Märchen der Brüder Grimm? Bemale und beschrifte die leeren Karten. (→ Märchenbuch)**

Klebefläche

Märchen der Brüder Grimm

Klebefläche

Klebefläche

Tasche:

④ Schneide die Vorlage aus. Falte alle Klebeflächen nach hinten.

⑤ Klebe die Tasche auf dein Lapbook. Stecke die Karten in die Tasche.

© Verlag an der Ruhr | Autorin: Doreen Blumhagen | Illustrationen Icons: Anja Boretzki | ISBN 978-3-8346-4235-1 | www.verlagruhr.de

Hans Christian Andersen

Lebensdaten:

Märchen von Hans Christian Andersen:

Interessantes:

Hans Christian Andersen

① Schneide die Vorlagen aus.

② Falte das Minibuch zur Mitte. Falte Klebefläche 2 nach oben.

③ Falte alle Felder am Bild nach hinten. Klebe es auf die Klebeflächen in das Minibuch (1–1, 2–2).

❹ **Informiere dich über Hans Christian Andersen. (→ Infokarte 6)**

❺ **Beantworte die Fragen unter den Überschriften.**

- **<u>Lebensdaten:</u> Wann hat Hans Christian Andersen gelebt?**
- **<u>Interessantes:</u> Was hast du über sein Leben Interessantes herausgefunden?**
- **<u>Märchen:</u> Welche Märchen hat er geschrieben?**

❻ **Male auf die Titelseite Figuren oder Dinge aus Märchen von Hans Christian Andersen.**

⑦ Klebe das Minibuch mit der Rückseite auf dein Lapbook.

Märchen von Hans Christian Andersen

Karten:

① Schneide die Karten aus.

❷ **Zu welchen Märchen gehören die Bilder? Schreibe den Märchentitel immer auf die Rückseite der Karten.**

❸ **Kennst du weitere Märchen von Hans Christian Andersen? Bemale und beschrifte die leeren Karten. (→ Märchenbuch)**

Klebefläche

Märchen von Hans Christian Andersen

Klebefläche

Klebefläche

Tasche:

④ Schneide die Vorlage aus. Falte alle Klebeflächen nach hinten.

⑤ Klebe die Tasche auf dein Lapbook. Stecke die Karten in die Tasche.

Märchenlieder

① Schneide die Vorlage aus.

② Falte erst den leeren Kreis zur Mitte. Falte dann die CD darüber.

❸ **Bearbeite a oder b.**

a) Suche dir ein Märchenlied aus. Schreibe es auf die Rückseite der Vorlage. (→ Märchenkarte 6)

b) Schreibe selbst ein Märchenlied zu einer bekannten Melodie („Alle meine Entchen", „Bruder Jakob" ...).

❹ **Schreibe den Titel des Liedes auf die CD.**

❺ **Gestalte die CD und die 1. leere Seite passend zu deinem Lied.**

⑥ Klebe das Minibuch mit der Klebefläche auf dein Lapbook.

<u>Tipp:</u> **Gestalte Fingerpuppen zu deinem Lied. Dann kannst du es singen und nachspielen.**

© Dorothee Wolters

© Dorothee Wolters

© Verlag an der Ruhr | Autorin: Doreen Blumhagen | Illustrationen Icons: Anja Boretzki | ISBN 978-3-8346-4285-1 | www.verlagruhr.de

Märchenquiz: Das hässliche Entlein

Wer hat das Märchen vom hässlichen Entlein geschrieben?	Ist das Märchen vom hässlichen Entlein ein Volksmärchen oder ein Kunstmärchen? Warum?
Welche Märchenmerkmale gibt es im Märchen vom hässlichen Entlein?	Warum machte sich die Entenmutter Sorgen um das hässliche Entlein?
Warum verließ das hässliche Entlein den Bauernhof seiner Mutter?	Warum lief das hässliche Entlein von der Bäuerin davon?
Wen bewunderte das hässliche Entlein am See?	Wie konnte das hässliche Entlein den kalten Winter überleben?
Was erkannte das hässliche Entlein, als es sein Spiegelbild im See sah?	Warum ist das Entlein zum Schluss nicht mehr allein?

① Schneide die Vorlagen aus.

Karten:

❷ **Lies das Märchen „Das hässliche Entlein". (→ Märchenkarte 2, Infokarte 1)**

❸ **Beantworte die Fragen auf den Rückseiten der Karten.**

Tasche:

④ Falte die Klebeflächen nach hinten.

⑤ Klebe die Tasche auf dein Lapbook. Stecke die Karten in die Tasche.

© Verlag an der Ruhr | Autorin: Doreen Blumhagen | Illustrationen Icons: Anja Boretzki | ISBN 978-3-8346-4235-1 | www.verlagruhr.de

Mein Märchenquiz

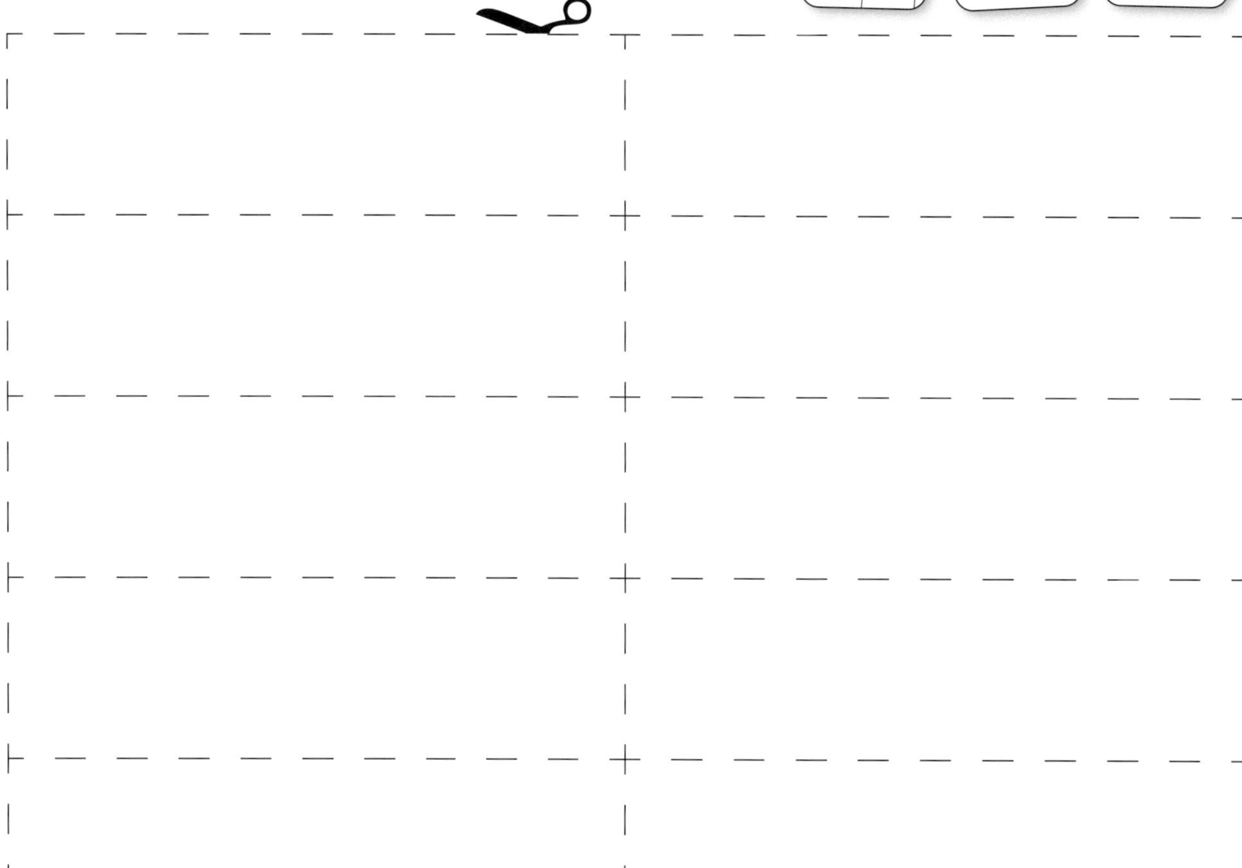

① Schneide die Vorlagen aus.

Klebefläche

Klebefläche

Mein Märchenquiz

Klebefläche

Karten:

❷ **Denke dir ein Quiz aus:**
- **zu einem Märchen**
- **rund um Märchen (→ Märchenbuch, Infokarten 1–6)**

❸ **Schreibe immer eine Frage auf die Vorderseite, die Antwort auf die Rückseite.**

Tasche:

④ Falte die Klebeflächen nach hinten.

⑤ Klebe die Tasche auf dein Lapbook. Stecke die Karten in die Tasche.

Märchenhafte Fingerpuppen (1/3)

Tasche:

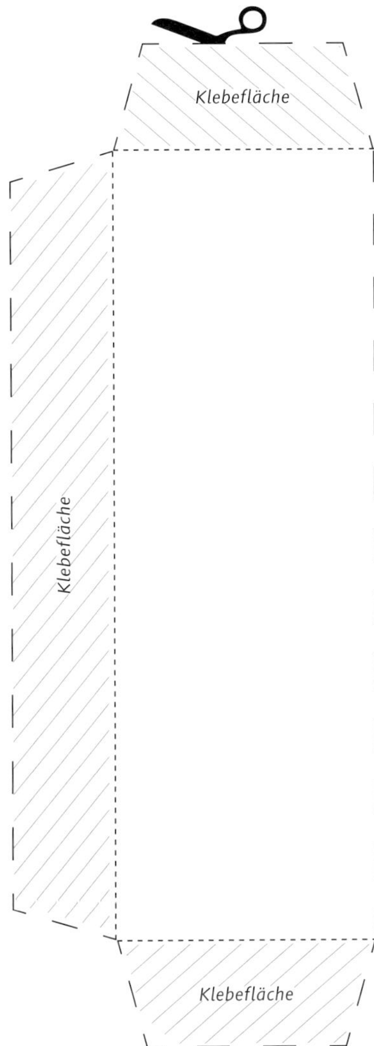

① Schneide alle Vorlagen aus.

Fingerpuppen:

② Falte alle Klebeflächen nach hinten. Klebe sie an der Rückseite fest. Es darf nur noch eine Öffnung für deine Finger geben.

❸ Wähle a oder b.

a) Lies das Märchen „Die Prinzessin auf der Erbse". Male die Fingerpuppen farbig aus. (→ Märchenkarte 3)

b) Wähle dir ein Märchen aus. Male für jede Märchenfigur eine Fingerpuppe. (→ Märchenbuch)

❹ Denke dir ein Rollenspiel zum Märchen aus. Spiele es mit deinen Fingerpuppen nach. Stelle dazu die Kulisse an die Tischkante.

Aufstellkulisse:

⑤ Falte die Seiten nach hinten.

❻ Male auf das Feld einen Spielort für dein Märchen.

Tipp: Auf die Rückseite passt ein zweiter Ort.

Tasche:

⑦ Falte die Klebeflächen nach hinten.

❽ Schreibe den Titel des Märchens auf die Tasche.

⑨ Klebe die Tasche auf dein Lapbook. Stecke die Figuren und die Kulisse hinein.

Kulisse:

Märchenhafte Fingerpuppen (2/3)

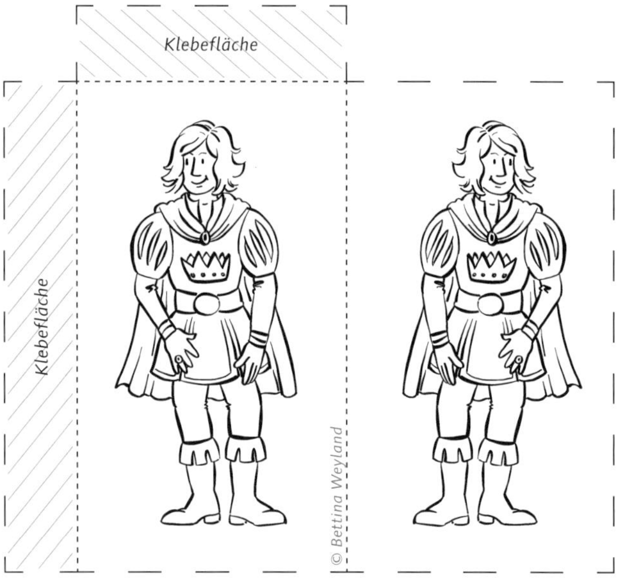

Klebefläche

Klebefläche

Klebefläche

© Bettina Weyland

© Bettina Weyland

Klebefläche

Klebefläche

Klebefläche

© Bettina Weyland

© Bettina Weyland

Klebefläche

Klebefläche

© Bettina Weyland

Klebefläche

Klebefläche

© Bettina Weyland

Diese Bilder kannst du für deine
Aufstellkulisse nutzen:

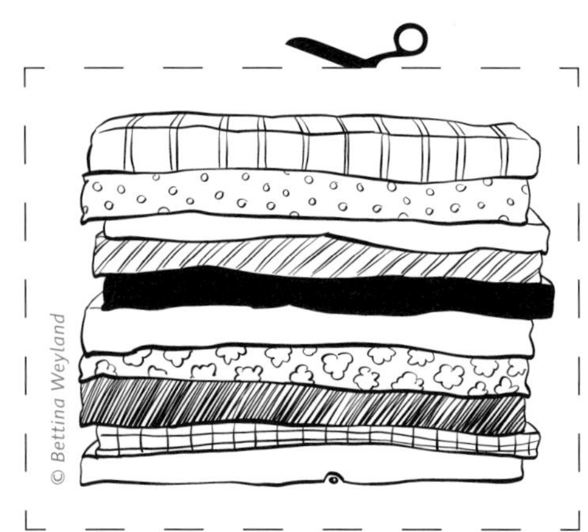

Märchenhafte Fingerpuppen (3/3)

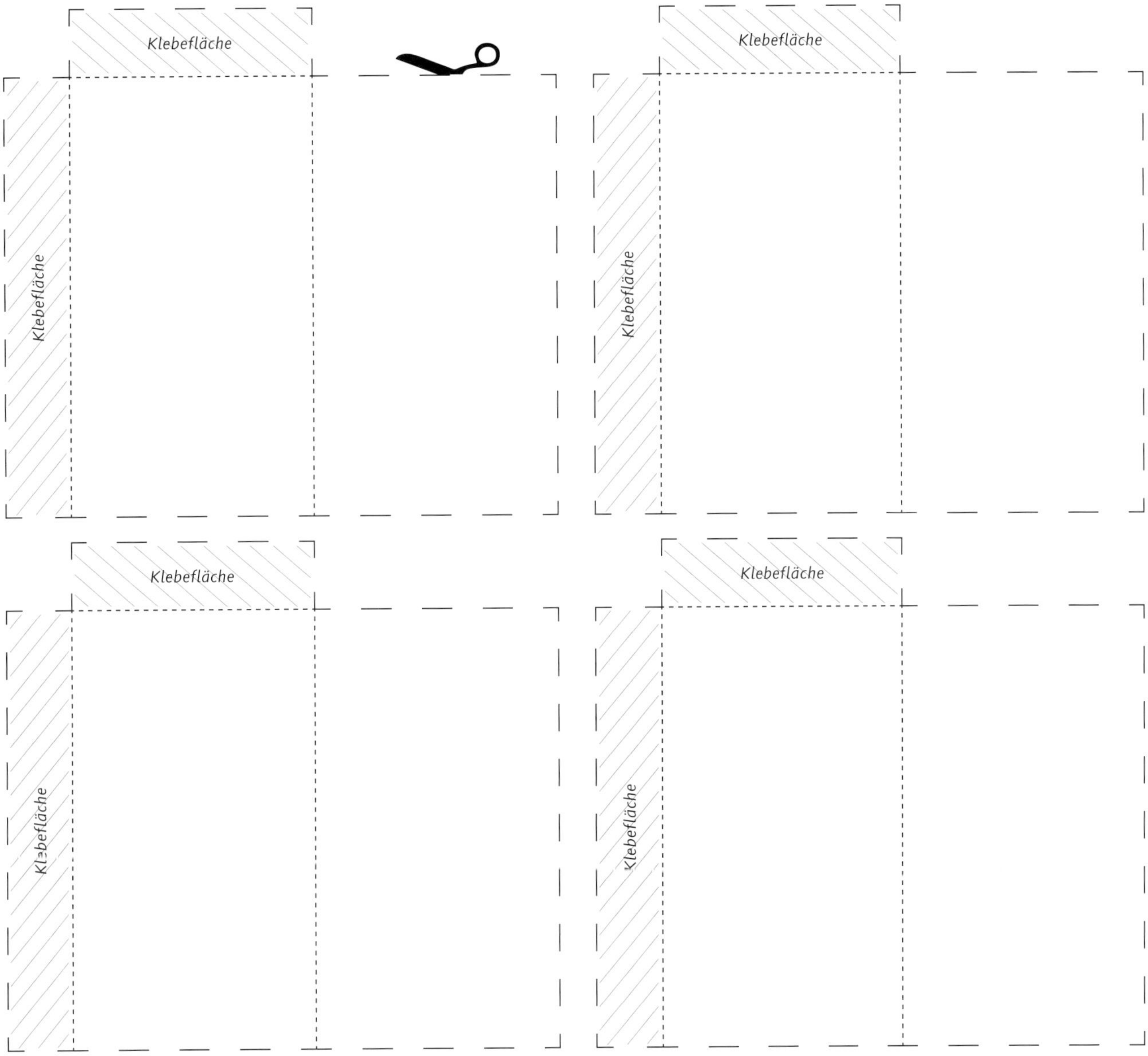

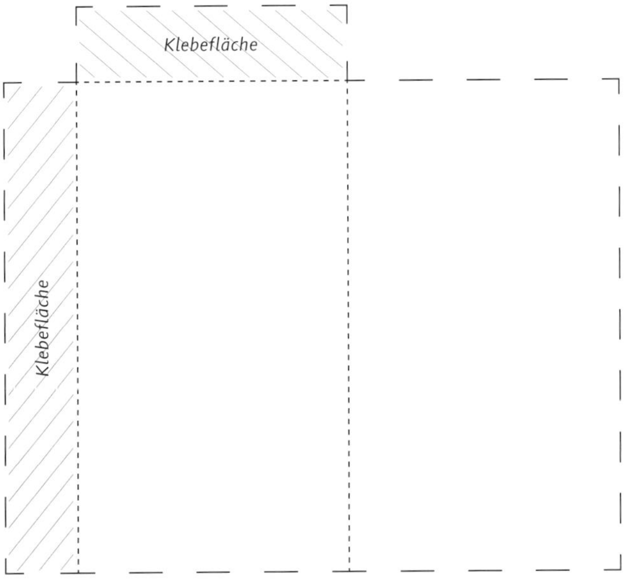

Klebefläche

Klebefläche

Klebefläche

Klebefläche

Klebefläche

Klebefläche

Klebefläche

Klebefläche

Klebefläche

Klebefläche

<u>Tipp:</u> Auf der Vorder- und Rückseite kannst du deine Märchenfiguren mit verschiedenen Gefühlen zeichnen, die du zum Spielen brauchst (traurig, fröhlich …).

Ein märchenhaftes Rollenspiel

① Schneide die Vorlagen aus.
Falte alle Seiten zur Mitte.

Mein Rollenspiel zum Märchen

② Lege alle Seiten geöffnet aufeinander und hefte sie zusammen.

❸ **Suche dir ein Märchen aus.**
(→ Märchenbuch)

❹ **Überlege dir ein Gespräch zwischen den Märchenfiguren.**
- **Wer spricht miteinander?**
- **Was sagen die Figuren?**

Schreibe das Gespräch in das Buch.

<u>Beispiel:</u>
Rotkäppchen: „Aber Großmutter, …"
Wolf: „Damit ich dich besser …"

⑤ Klebe das Buch mit der Rückseite auf dein Lapbook.

Erzähltheater (1/3)

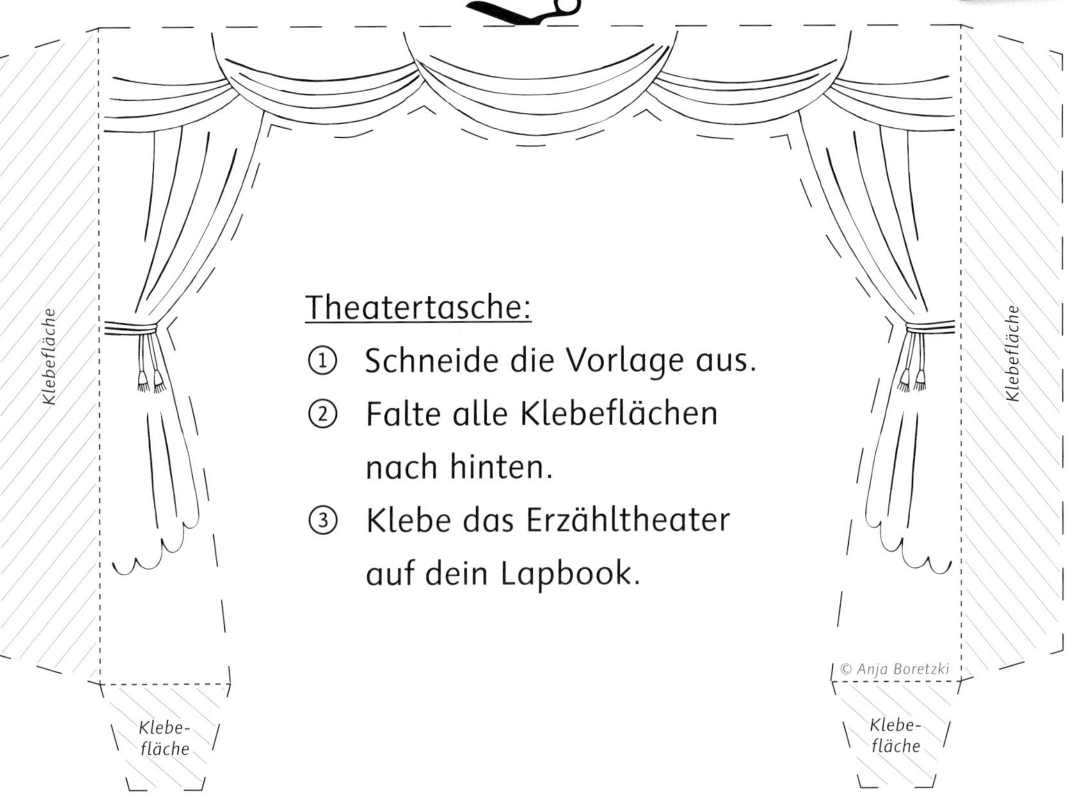

Theatertasche:

① Schneide die Vorlage aus.
② Falte alle Klebeflächen nach hinten.
③ Klebe das Erzähltheater auf dein Lapbook.

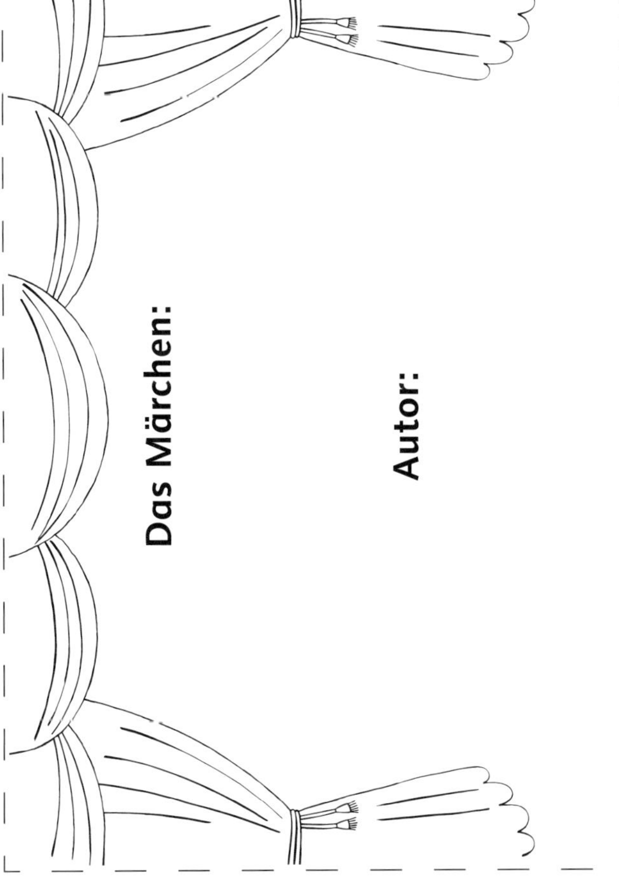

Erzählkarten:

④ Schneide die Karten aus.

❺ Bearbeite a oder b.

a) Lies das Märchen von Rotkäppchen. (→ Märchenkarte 1)

b) Wähle dir ein Märchen aus. Male auf die Erzählkarten 4 Bilder zu wichtigen Ereignissen aus dem Märchen. (→ Märchenbuch)

❻ Schreibe auf die Rückseiten der Karten Sätze zum Bild.

❼ Schreibe den Titel des Märchens und den Autor auf die Bildkarte.

⑧ Stecke die Erzählkarten in deine Theatertasche.

❾ Erzähle dein Märchen mit deinen Bildern nach.

Erzähltheater (2/3)

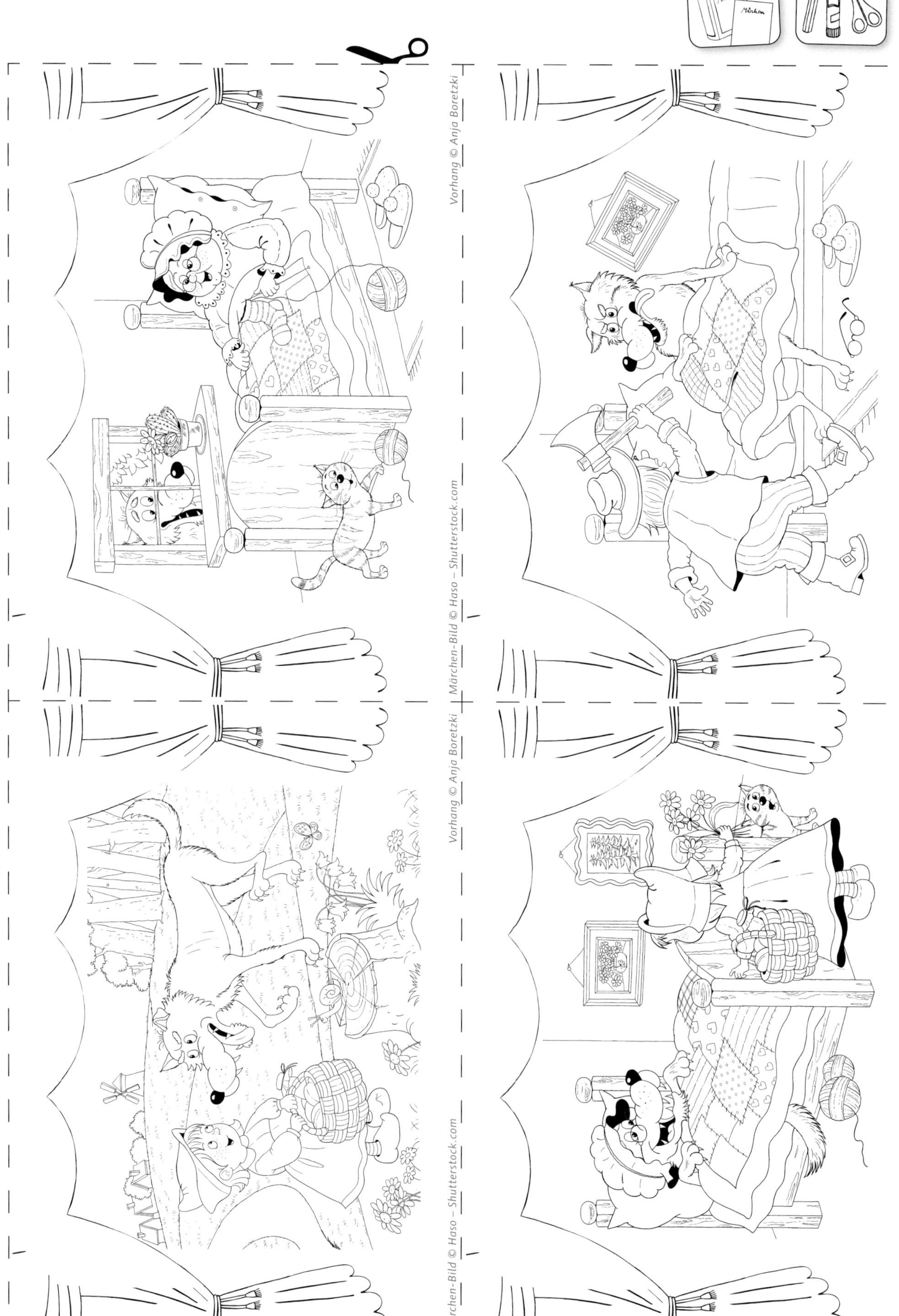

© Verlag an der Ruhr | Autorin: Doreen Blumhagen | Illustrationen Icons: Anja Boretzki | ISBN 978-3-8346-4285-1 | www.verlagruhr.de

Erzähltheater (3/3)

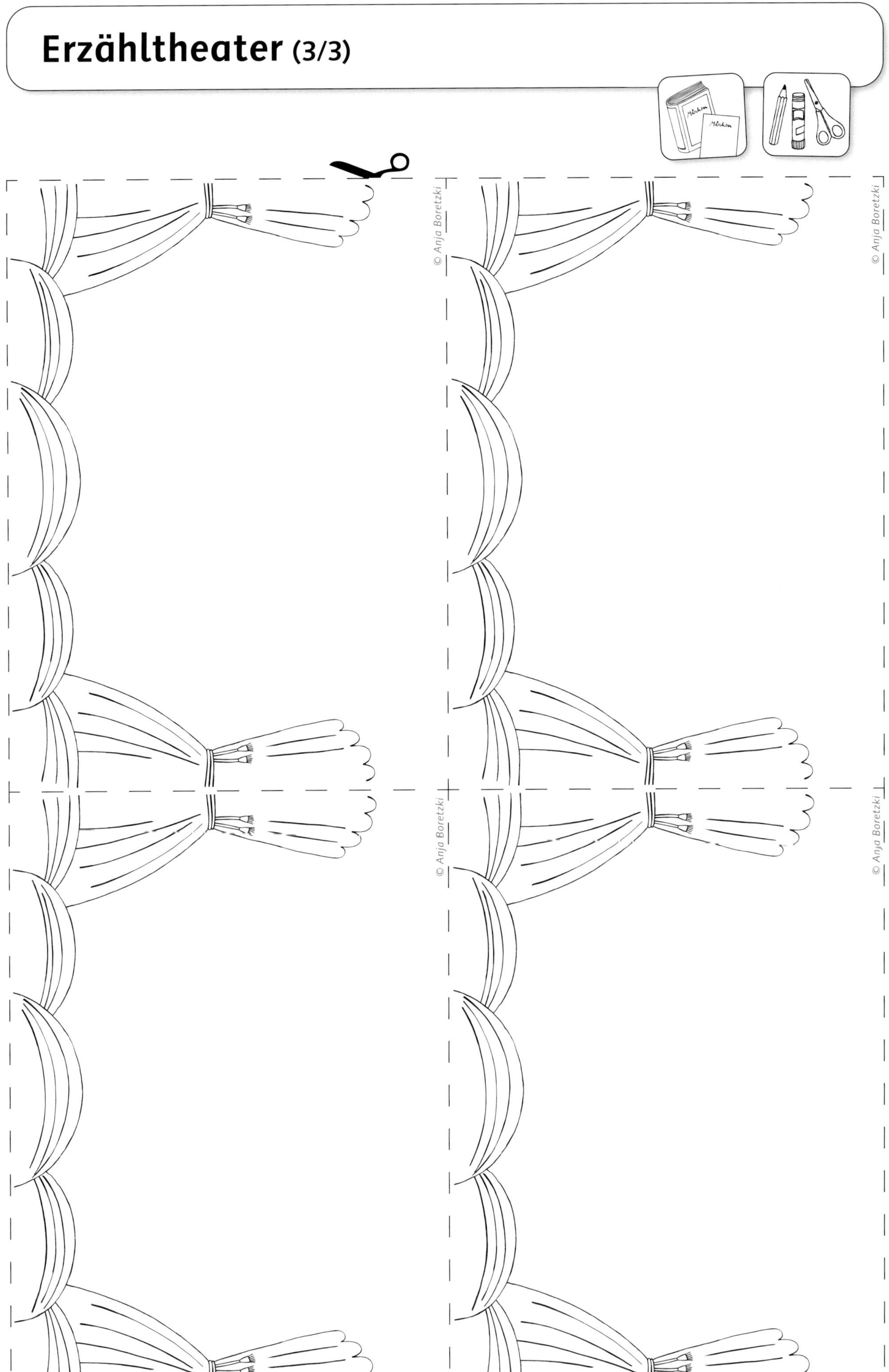

Aschenputtel aus Deutschland und Frankreich

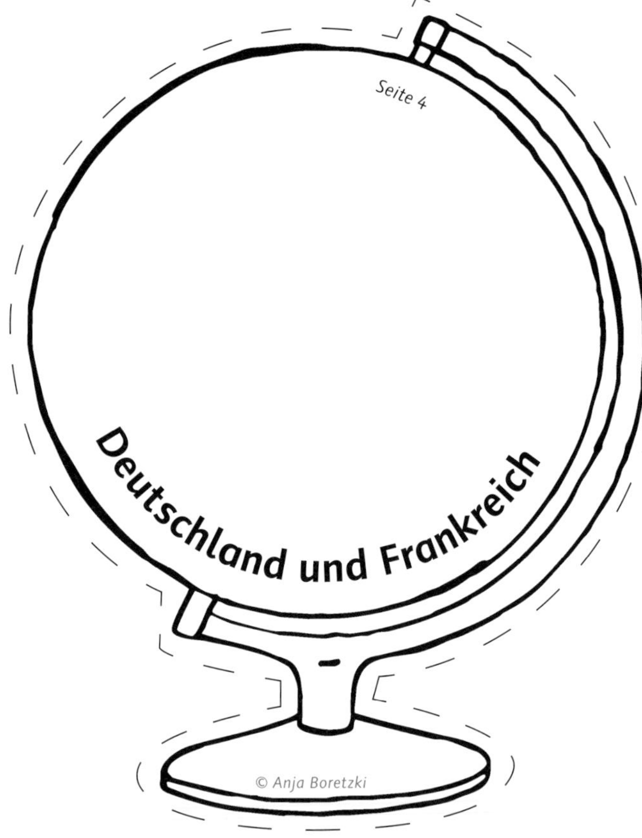

Aschenputtel

→ aus Deutschland

→ aus Frankreich

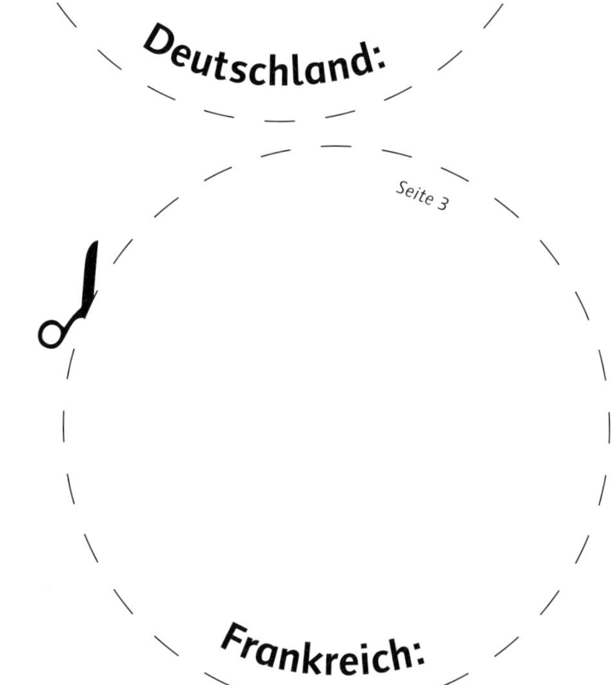

① Schneide die Vorlagen aus.

② Lege die Kreise auf den Globus und hefte sie zusammen.

❸ **Lies „Aschenputtel" aus Deutschland und Frankreich. (→ Märchenkarten 4 und 5)**

❹ **Vergleiche beide Märchen. Achte auf die Märchenfiguren, Aufgaben für Aschenputtel, Helfer, magische Dinge und das Ende der Märchen.**
- **Was ist in Deutschland anders als in Frankreich? Schreibe es auf die ersten beiden Seiten.**
- **Was ist gleich? Schreibe es auf die letzte Seite.**

⑤ Klebe den Globus mit der Rückseite auf dein Lapbook.

Märchenbauplan

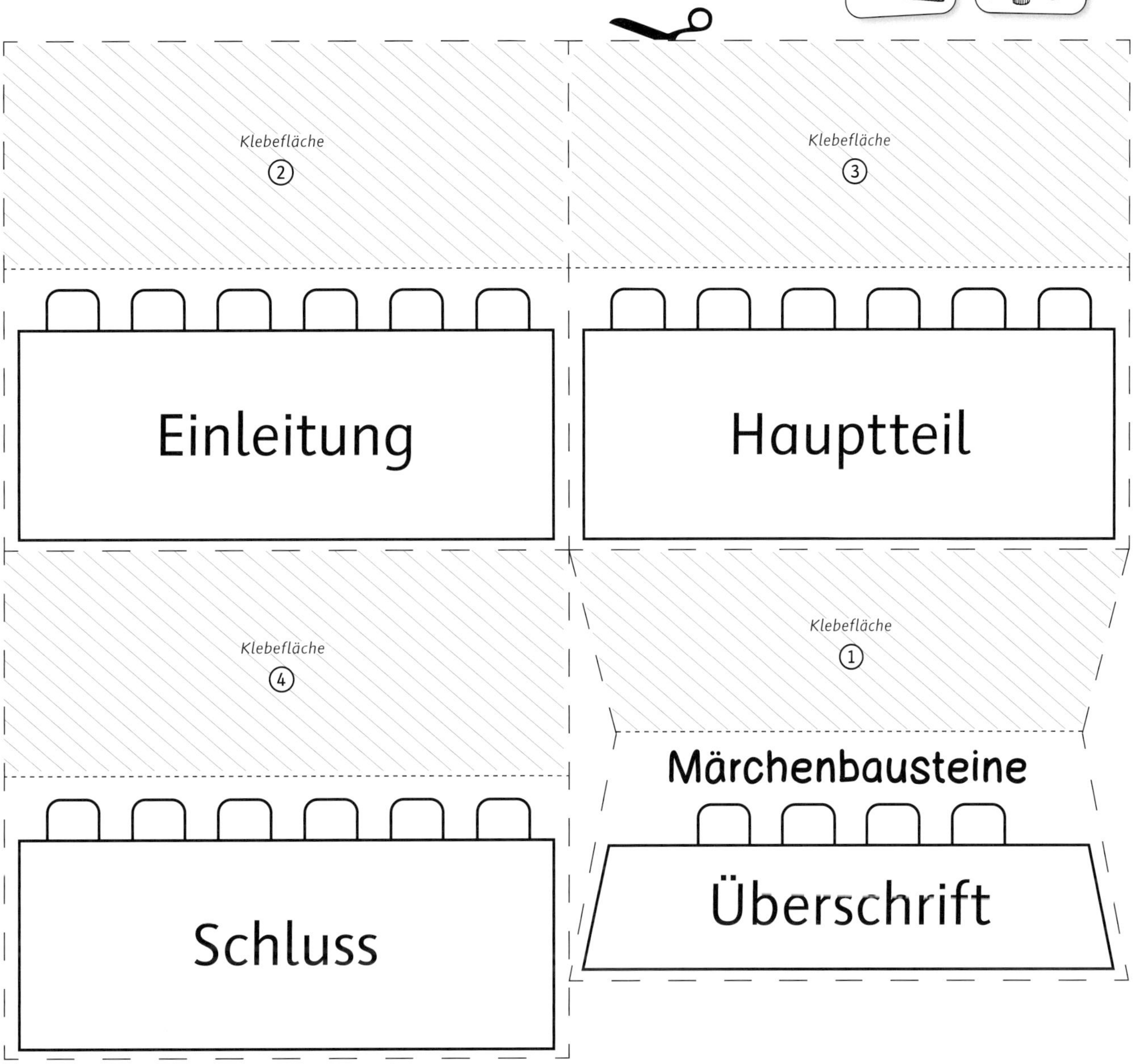

Klebefläche
②

Einleitung

Klebefläche
③

Hauptteil

Klebefläche
④

Schluss

Klebefläche
①

Märchenbausteine

Überschrift

① Schneide die Vorlagen aus.

❷ **Informiere dich über den Aufbau eines Märchens. (→ Infokarte 7)**

❸ **Schreibe das Wichtigste in die passenden Bausteinklappen:**
- **Was musst du bei der Überschrift beachten?**
- **Was gehört in die Einleitung, den Hauptteil und den Schluss?**

④ Klebe die Bausteine genau untereinander auf dein Lapbook, sodass ein Haus entsteht. Achte darauf, dass die Klappen ein wenig überlappen, damit die Noppen der Bausteine verdeckt sind.

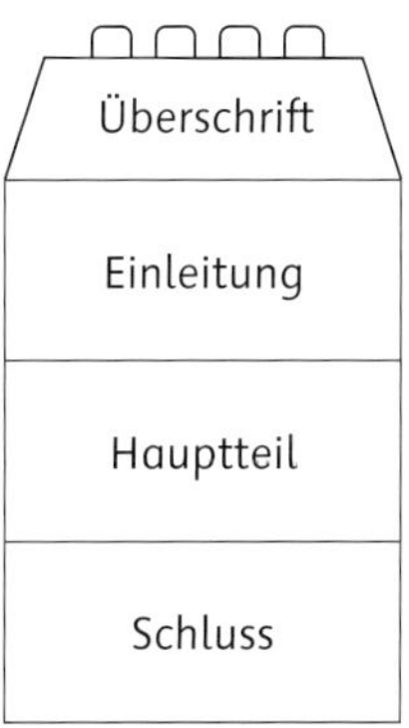

Mein Minimärchen

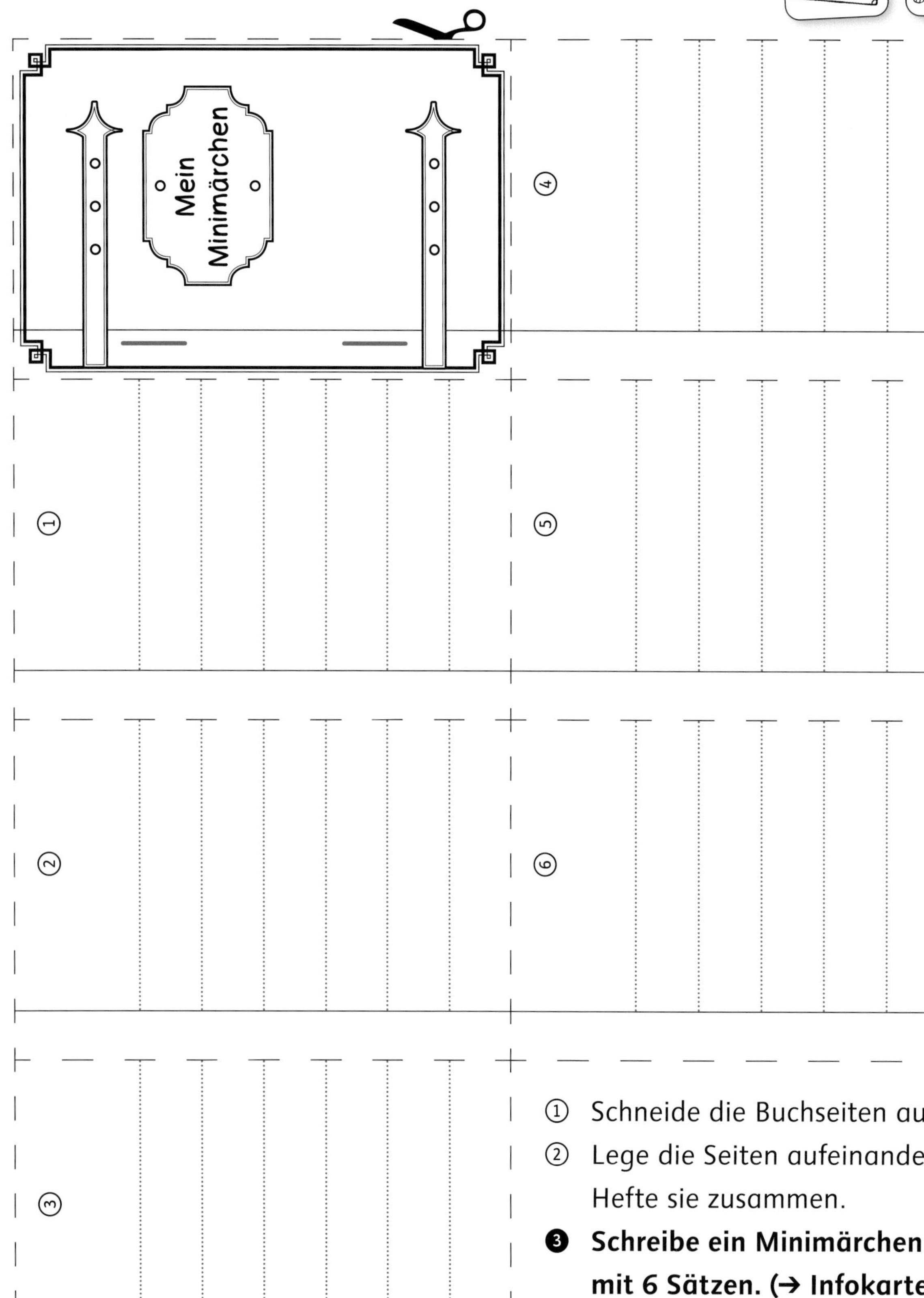

① Schneide die Buchseiten aus.
② Lege die Seiten aufeinander. Hefte sie zusammen.
❸ Schreibe ein Minimärchen mit 6 Sätzen. (→ Infokarte 8)
❹ Male zu jedem Satz ein Bild.
❺ Suche einen Märchentitel.
❻ Schreibe ihn auf die Titelseite.
⑦ Klebe das Buch auf dein Lapbook.

Mein Märchen

① Schneide die Vorlage aus.

② Falte die Klappen zur Mitte.

③ Verschränke beide Klappen miteinander, sodass das Buch verschlossen ist.

❹ **Schreibe in dieses Minibuch dein eigenes Märchen. Denke dabei an den Aufbau eines Märchens. (→ Infokarte 7)**

❺ **Überlege dir eine Überschrift für dein Märchen und schreibe sie auf die Vorderseite. Schreibe auch deinen Namen darauf. Gestalte die Vorderseite passend zu deinem Märchen.**

⑥ Klebe das Minibuch mit der Rückseite auf dein Lapbook.

Medientipps

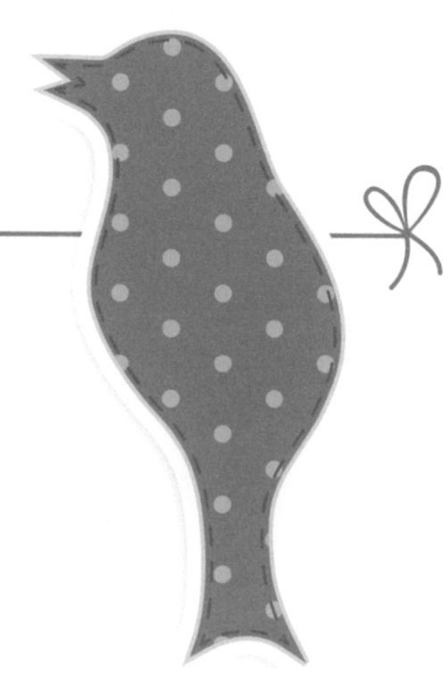

Andersen, Hans Christian (Autor);
Esterl, Arnica (Autorin);
Archipowa, Anastassija (Illustratorin):
Die schönsten Märchen von Hans Christian Andersen.
Esslinger, 2011.
ISBN 978-3-4802-2876-8

Annel, Ingrid; Blanz, Aurélie:
Die schönsten Märchenklassiker.
Grätz, 2014.
ISBN 978-3-9441-5638-5

Blumhagen, Doreen:
Lapbooks in der Grundschule.
Verlag an der Ruhr, 2018.
ISBN 978-3-8346-3790-1

Blumhagen, Doreen:
Mein Lesetagebuch-Lapbook.
Verlag an der Ruhr, 2017.
ISBN 978-3-8346-3695-9

Glück, Karsten; Sommerland, Simone;
Die Kita-Frösche:
Die 30 besten Märchenlieder für Kinder.
Universal Music, 2015.
EAN 4260167471013

Grimm, Jacob und Wilhelm (Autor);
Lauber, Larisa (Illustratorin);
Reh, Rusalka (Bearbeitung):
Die schönsten Märchen der Brüder Grimm.
Magellan, 2016.
ISBN 978-3-7348-2805-8

Kistner, Saskia; Mihsler, Ann Cathrin:
Märchen, Sagen und Fabeln.
Verlag an der Ruhr, 2015.
ISBN 978-3-8346-2730-8

Schulte, Hannelore:
Komm, wir spielen Märchen.
Verlag an der Ruhr, 2003.
ISBN 978-3-8607-2794-2